대학의 사회적 책임

나눔의 이론과 실천

조동성 · 문휘창 공저

서울경제경영

머리말

최근 기업의 사회적 책임(Corporate Social Responsibility, CSR)과 공유가치창출(Creating Shared Value, CSV)이 많이 거론되고 있는데 이에 대한 올바른 전략을 수립하기 위해서는 CSR과 CSV의 근본정신인 '나눔의 원칙'에 대해서 더욱 깊이 있게 이해해야 할 것이다. 이 책은 나눔의 원칙을 가장 잘 실천할 수 있는 대학의 사례를 통하여 '나눔의 원칙과 실천'을 정리하고 중요한 시사점을 제시하였다. 따라서 이 책은 대학의 사회적 책임에 대해서 논하고 있지만 여기서 제시한 시사점들은 다른 비영리기관 및 영리기관인 기업이 사회적 책임 전략을 수립하는데 기본적인 틀을 제공할 것이다.

대학과 같은 비영리단체는 기업보다 상대적으로 높은 공익성을 갖고 있다. 따라서 이들의 사회봉사활동은 대부분 나눔 자체를 목적으로 한다. 그러나 이를 잘 활용한다면 단순히 남을 도와주는 것 이상으로 자체의 경쟁력을 높이는 기회로도 발전시킬 수 있다. 예를 들면, 현장실습을 통해 보다 더 현실적인 이론으로 발전시키거나, 이미 개발된 이론을 현실에 적용하여 검정할 수 있다. 중요한 점은 아무리 나눔이 최종목적이라고 해도 나눔을 통한 행복감에만 만족해서는 안 된다. 기업이 더 많은 이윤 창출을 통해 사회에 기여하는 것과 같이, 비영리단체도 나눔 자체보다는 더 많은 사람이 혜택을 받을 수 있도록 더 많은 사회적 이익을 창출해야 한다. 즉, 나눔의 파이(pie)를 확대해야 하는 것이다. 이러한 목적을 이루려면 나눔 활동의 효율성을 높여야 한다. 특히 대학과 같은 비영리단체의 경우 나눔을 실천하는데 있어서 물적 및 인적자원의 부족이 가장 큰 과제이다. 이 두 가지 모두 유한(有限)하기 때문에 최소의 투입으로 최대의 효과를 얻는 전략을 수립하고 실행하는 것이 중요하다. 계획 또는 전략 없이 진행하다가는 자칫 중도에 그만두거나 일회성 이벤트로 전락하기 쉽기 때문이다.

따라서, 나눔의 효과를 높이기 위해서는 나눔 활동을 체계적으로 정리한 이론이나 방법론이 필요하다. 즉, 기존의 나눔 실천활동을 잘 연구하고 종합하여, 이를 한 차원 승화시켜 좀 더 개념화하고, 이론화하여 나눔의 이론적 근거를 개발하는 것이다. 특히 선진국의 문턱에 다가온 한국은 살기 위해서 일하던 시대를 지나 이제는 다 같이 잘 사는 사회를 지향하고 있다. 이러한 시점에서 대학과 같은 비영리단체들이 어떻게 새로운 나눔을 실천하고, 효율적인 나눔을 위해 무엇을 어떻게 해야 할지를 연구하는 것은 매우 의미 있는 것이다.

이 책은 크게 두 부분으로 구성되었다. 1부는 이론편으로서, 1장에서는 대학의 역할로부터 살펴본 대학 사회적 책임의 필요성을 살펴보았고, 2장에서는 한국대학의 사회적 책임의 문제점과 원인을 살펴보았다. 3장에서는 좀 더 심층적으로 대학 사회적 책임에 대한 기존 연구를 살펴보았고 이를 통해 새로운 '나눔의 분석모델'을 제시하였다. 대학의 사회적 책임은 교육, 연구, 공공 서비스 등 대학의 세 가지 기능에 대한 윤리적 경영을 강조하는 것으로 포괄적인 개념이지만, 국내 연구들은 아직 이를 대학의 제3기능인 공공 서비스, 또는 더 좁게 대학의 사회봉사활동으로만 보고 있다. 3장에서는 기존문헌을 통해 이러한 비슷한 개념들 간의 차이를 보여줌으로써 독자들이 이들을 정확하게 이해할 수 있도록 돕고자 했다.

2부는 실천편으로서, 4장에서는 서울대학교의 주요 사회적 활동사례를 살펴보았고, 또한 앞서 1부에서 제시한 나눔의 분석모델을 적용하여 문제점을 제시하였다. 5장에서는 대학의 사회봉사 역사가 가장 오래된 미국에서 5개의 대학을 선정하여 이들의 사회적 책임활동에 관한 우수사례들을 살펴본 후 한국대학을 위한 유용한 시사점을 제시하였다. 마지막으로 6장에서는 한국 대학이 앞으로 사회적 책임활동을 추진하는데 있어서의 전략적 발전방향을 제시하였다.

이 책의 출간을 계기로 대학의 사회적 책임에 대한 체계적인 연구가 더욱 활발해지고, 또한 대학을 비롯한 비영리기관 및 기업과 같은 영리기관이 사회적 활동의 효과성을 향상시키는데 도움이 되기를 바란다. 이 책을 집필하는 과정에서 특히 서울대학교의 사회적 책임 관련 사례자료를 수집하는데 도움을 제공한 2010년 2학기 '기업과 사회적 책임'의 수업에 참여한 학생과 특강을 해주신 여러 관계자에게 깊은 감사를 드린다. 필자들은 수년 전 서울대 나눔모임을 주최한 적이 있는데 이 때 참석해서 발표를 해주신 많은 분들께 감사드리고 특히 적극적인 활동을 하셨던 서울대 생활과학대학의 나종연 교수님께 고마움을 전한다. 그리고 저희 연구원들의 방문 및 인터뷰 요구를 흔쾌히 받아주고 관련 자료와 정보를 제공해 주신 국경없는 과학기술자회 성숙경 간사께 감사 드린다. 마지막으로 이 책의 관련 자료를 찾고 마무리 하는데 많은 도움을 준 윤문연, 박지민, 김의재 대학원 조교들에게 깊은 고마움을 전한다.

2014년 2월

서울대학교 경영대학 교수 **조동성**

서울대학교 국제대학원 교수 **문휘창**

차례

1부

대학의 사회적 책임(이론편)

1

대학 사회적 책임의 필요성

1. 시대발전의 요구

반기문 유엔 사무총장은 2011년 유엔 아카데미 임팩트(United Nations Academic Impact, UNAI) 포럼에서 '대학의 사회적 책임'을 강조하였다. UNAI포럼은 세계대학들이 함께 빈곤과 문맹 퇴치, 인권 신장 및 지속 가능한 발전 등의 실현 방안을 논의하는 글로벌 프로그램으로서 반기문 총장이 2008년에 제안하여 설립된 것이다. 그는 개회사에서 "오늘날 우리가 직면한 식량, 안보, 가뭄, 분쟁 같은 어려움은 한 나라가 해결할 수 없을 만큼 복잡하고 상호 연결되어 있다. […] 기업의 사회적 책임을 영문으로 Corporate Social Responsibility(CSR)로 부르는 것처럼 지식인의 사회적 책임을 Intelligential Social Responsibility(ISR)로 부르고, 이러한 문제를 해결하기 위해 노력하자"라고 호소하였다(조선일보, 2011/7/5).

비슷한 맥락에서 Drucker(1994)는 '사회적 변혁 시대(The Age of Social Transformation)'라는 글에서 인구 증가, 지식 폭발, ICT산업 및 과학기술의 급속한 발전, 세계화와 상업화, 교육의 대중화 등의 문제를 해결하기 위해서 앞으로 대학들이 더 광범위한 범위에서 사회에 참여해야 한다고 주장하였다. 한편, 일본 도쿄대 총장 고미야마 히로시(小宮山宏)는 2007년 한 인터뷰에서 다음과 같이 강조했다. "과거 일본 대학들은 사회의 보호를 받으면서 성장했다. 그러나 이제 사회는 더 이상 대학을 무조건 따뜻하게만 바라보지 않는다. 대신 사회에 대한 책임과 역할을 요구하고 있다. 이런 점에서 대학이 지역에 공헌하는 것은 매우 중요하다"(오대영, 2011). 또한, 미국 보스턴 대학 석좌교수인 Philip Altbach는 2008년 경희대 주최 '27주년 유엔 세계평화의 날' 기념 국제학술대회에서 다음과 같이 말했다. "21세기의 지식경제 사회에서 세계경제는 점점 고도의 전문지식을 활용한 기술산업에 의존하게 됐다. 그에 따라 대학도 일반적인 지식교육뿐 아니라 고급기술훈련, 전문지식교육 등으로 시장경제에 이바지하는 역할이 중요해 졌다"(중앙일보, 2008/11/7).

이들은 비록 다른 방식으로 대학의 역할에 대해 강조했지만, 대학은 단순히 지식의 보존과 창출뿐만 아니라 사회의 발전에 따라 새로운 역할을 다해야 한다는 것을 공통적으로 요구하고 있다. 시장을 통해 자원을 효율적으로 분배할 수 있지만, 경쟁에서 도태된 사회 소외계층에 대해서는 정부가 나서서 도움을 주어야 한다. 하지만 경제가 발전하고 복잡 · 다양해져서 이제는 정부의 힘만으로 해결하기에는 한계가 있기 때문에 여러 사회조직과 시민계층의 적극적인 참여가 필요하다.

이러한 가운데 사회는 지식의 결정체인 대학에 점차 의존하게 되었고, 따라서 대학은 사회봉사에 참여하지 않으면 안 되게 되었다. 특히 글로벌 시대에 진입하면서 한 지역의 경영환경은 기업의 경쟁력에 중요한 영향을 미친다. 지식과 기술에 대한 접근성은 물리적 인프라만큼 중요해졌으며, 최근 들어 더욱 중요해지고 있다. 따라서, 그 지역과 관여되어 있는 대학은 경제발전에 필요한 지식 및 기술을 창출하는 중요한 원동력의 역할을 할 필요가 있다(Chatterton and Goddard, 2000). 즉, 대학은 더 이상 학문만을 위한 고고한 상아탑이라는 폐쇄적인 공간에서 벗어나 사회발전의 원동력으로서의 역할을 맡아야 하는 것이다.

2. 선택이 아닌 대학의 제 3기능

대학 기능의 변화의 역사적 배경

대학의 기능은 1) 지식을 전수하고 사회에 필요한 고급인재를 양성하는 교육기능, 2) 새로운 학문과 지식을 탐구하고 창조하는 연구기능, 그리고 3) 공공 서비스(public service) 기능 등 세 가지로 구분된다. 미국대학교수연합(American Association of University Professors)이 1915년에 발표한 '원칙들의 선언(Declaration of Principles)'에 이 세 가지 기능이 공식적으로 기록되었다[1]. 그러나 초기의 대학교들은 이러한 세 가지 기능을 모두 가지고 있지 않았으나, 사회가 발전함에 따라 점진적으로 갖게 되었다.

대학의 기원은 12, 13세기 이탈리아의 볼로냐대학교(Universita degli Studi di Bologna), 프랑스의 소르본느대학교(Université Paris-Sorbonne), 그리고 영국의 옥스포드대학교(Oxford University) 등의 설립으로부터 시작되었는데, 이들 '우니베르지타스(universitas)'는 배움에 대한 열망을 가진 사람들이 만든 일종의 조합이었다[2]. 이들은 종교와 권력집단의 간섭으로부터 독립하여 높은 자율성을 누릴 수 있었으며 진리탐구의 역할을 담당하였다. 19세기 초반까지 대학은 주로 사회 상류층의 교양교육과 여러 분야의 전문가 양성에 집중함으로써 새로운 지식의 창출보다는 기존의 지식을 전달하는 역할을 하였다. 한편 연구를 통한 새로운 지식의 창출은 대학교수의 능력에 따라 산발적으로 진행되어 그리 체계적이지 못했다.

19세기로 접어 들면서 엘리트를 양성하고자 설립한 독일

---

[1] StateUniversity.com의 Education Encyclopedia에 실린 Florence Hamrick의 'Faculty Roles and Responsibilities'란 글의 내용을 인용한 것임. Education Encyclopedia는 전문 교육자와 학생들을 위해 교육방법, 우수사례, 고등교육에서 논란이 많은 이슈에 대한 연구논문들을 제공함.

[2] New World Encyclopedia, https://www.newworldencyclopedia.org/entry/University.

의 베를린 대학(Universität zu Berlin, 현 훔볼트대학[Humboldt-Universität zu Berlin])은 연구중심 대학의 시초로 볼 수 있다(Atkinson and Blanpied, 2008). 학생수의 급격한 증가로 인해 교수들의 수입이 늘어났고, 연구실이 더 많이 만들어졌고, 교수들은 더 많은 시간을 연구에 할애할 수 있었다. 그 후 독일정부는 대학연구에 적극적으로 재정지원을 하여 대학은 기존의 교육기능 외에 새로운 지식창출의 연구기능을 가지게 되었다. 훔볼트대학은 논문실적과 연구능력을 교수 임용과 승진에 필요한 요건 가운데 가장 중요한 요소로 삼았고, 이러한 시스템은 점차 다른 지역으로 확산되었으며, 나중에 미국이 이 시스템을 도입하면서 큰 발전을 이루었다. 이러한 연구대학은 지식을 전수하는 대학의 기본적인 교육기능보다는 새로운 지식을 창출하는 연구기능을 강조하였고, 또한 이런 연구를 수행하는 인재의 육성에 중점을 두었다.

19세기 중반 미국에서 주립대학이 설립되기 시작하면서 '사회봉사'라는 대학의 새로운 기능이 추가되었다. 미국에서 주립대학 설립을 추진하기 위해 1862년 모릴법(Morrill Act)을 제정하여 연방 정부에서 주립대학에게 무상으로 땅을 제공하였다. 이와 같이 모릴법의 혜택을 받은 대학을 '랜드그랜트대학(Land Grant University)'이라고도 부른다. 이에 주립대학들은 광활한 땅을 개척하는데 필요한 농학, 축산학, 수의학, 공학, 건축학, 가정학 등 실용 학과를 설치하여 지역사회 발전에 필요한 전문인력을 육성하면서 대학의 사회적 역할이 강조되었다(Alperovitz, Dubb, and Howard, 2008).

그러나 '랜드그랜트대학'은 산업사회의 발달에 따라 갈수록 더 복잡한 사회문제를 해결해야 했기 때문에 여러 분야의 전문인력도 함께 육성하게 되었다. 첫째, 산업사회에 있어서 엔지니어링, 공공보건, 농업, 임학, 간호 등 분야에서 훈련을 받은 전문직에 대한 수요가 급증하였지만 당시 이러한 전문직을 배출할 수 있는 전문대학이 없었다. 둘째, 당시 대부분의 사립대학은 상위 1%의 엘리트만을 위한 전통적인 교육과정이었기에 새로운 대학의 설립은 이러한 불만을 해결할 수 있는 방법 중 하나였다. 당시 대부분을 차지하고 있던 사립 대학교들은 교회의 지원을 받아, 사람들은 고등 교육을 종교적 책임으로 인식하였고 소수 대학을 제외한 대부분의 대학들은 사회의 보편적이고 실질적인 수요에 부응하기 위한 노력을 하지 않았다. 더 나아가, 교육 기회의 불평등으로 인해 사회 빈부격차가 갈수록 늘어나는 것을 인지한 사람들, 특히 일부 중산층, 저소득층의 노동자와 농민들은 더 나은 생활을 추구하는데 필요한 기능훈련과 실기교육을 더욱 갈망하게 되었다(Bonnen, 1998).

이러한 사회적 요구와 더불어 정부로부터 무상토지를 받은 대학의 싼 학비는 가정 형편이나 배경과 상관없이 질 좋은 교육을 받을 수 있는 기회를 많은 사람들에게 확대시켰다. 이와 같이 19세기 미국 대학의 변혁은 지역발전은 물론 국가 경제발전 전반에 크게 이바지하였다. 특히 1, 2차 세계대전동안 미국대학은 국방산업연구에 큰 기여를 하면서 정부의 인정을 받게 되었다.

Jongbloed, Enders, and Salerno(2008)에 따르면, 학생과 교수로 구성된 공동체는 내부로는 학생, 교수를 넘어 직원, 그리고 운영자 등의 여러 구성원을 포함하고, 외부로는 연구단체, 졸업생, 기업가, 시회집단, 소비자단체, 정부, 전문협회 등을 포함한다. 대학의 다양한 공동체는 지리적으로 대학 캠퍼스 주위에 집중되는 경향이 있지만, 정보기술의 발전으로 인해 대학의 사회적 책임활동은 공간적 제한을 벗어나 물리적으로 멀리 떨어진 지역을 포함한 전 세계적 범위로 영향을 미칠 수 있다. 따라서 대학은 주변 지역사회, 국가 및 국제사회의 요구에 적극적으로 대응하는 사명을 갖게 되었다.

영국, 독일, 미국대학의 사명 비교

대학의 사명은 각국마다 약간의 차이를 보이고 있다. 영국, 독일, 미국의 대학들을 살펴 보면, 이들 대학의 사명에서 비록 모두 사회공헌을 포함하고 있지만 그들이 초점을 두는 내용은 약간씩 다르다. 영국대학은 전문지식에 대한 연구보다는 교양 위주의 교육을 강조하기 때문에 교수 중심의 학부교육형이다. 예를 들면, 영국의 캠브리지 대학은 사명을 직접적인 사회봉사보다는 '최고 수준의 교육, 학습, 그리고 연구를 통한 사회기여'로 명시하였고 '대학과 사회'의 첫 번째 관계를 '더 많은 사람들이 대학교육을 받을 수 있도록 하는 것'이라고 밝히고 있다(〈표 1-1〉 참고).

〈표 1-1〉 캠브리지 대학의 사명 및 사회와의 관계

Mission	Contribute to society through the pursuit of education, learning, and research at the highest international levels of excellence
University's relationship with society	• The widest possible student access to the University • The contribution which the University can make to society through the pursuit, dissemination, and application of knowledge • The place of the University within the broader academic and local community • Opportunities for innovative partnerships with business, charitable foundations, and healthcare • Concern for sustainability and the relationship with the environment

출처: 캠브리지 대학교, http://www.cam.ac.uk/about-the-university/how-the-university-and-colleges-work/the-universitys-mission-and-core-values

독일에서는 훌륭한 교육은 좋은 연구성과를 기반으로 하는 것으로 보기 때문에 연구중심의 대학교육을 중시하고 있다. 예를 들면, 독일 홈볼트 대학교의 홈페이지에서 명시한 14가지 사명 중 네 번째 항목에 연구와 교육 공동발전이 바로 연구지향의 가르침과 지식전달의 핵심이라고 밝혔다. 이외에 7번째 항목과 8번째 항목에서도 역시 연구를 강조하고 있다(〈표 1-2〉 참고).

〈표 1-2〉 훔볼트 대학교의 사명

1	Humanity and the Sciences	8	Promotion of Junior Researchers
2	Continuing Reform Impetus and the Striving for Excellence	9	Equal Opportunity for All
3	Social Responsibility and Cultural Presence	10	Resources, Funds and Alumni
4	The Unity of Research and Teaching	11	The University Administration
5	Ethical Obligations	12	Internationality
6	Innovation in Teaching and in Course Structures	13	A Cosmopolitan University
7	Research in the Life-Blood of the University	14	Berlin-A City of Knowledge

출처: 훔볼트 대학교, http://www.hu-berlin.de/ueberblick-en/humboldt-universitaet-zu-berlin-en/mission-statement

영국과 독일대학이 교육과 연구를 통한 사회기여를 강조한다면, 미국은 사회봉사를 교육과 연구기능에서 별도로 분리하여 강조하였다. 따라서 미국대학은 사회봉사 교육형이라고 할 수 있다. 예를 들면, 미국의 UC버클리 대학은 대학의 사명을 교육, 연구, 공공서비스 등 세 가지로 나누었다. 교육측면에서는 학부학생에게 지식과 기술을 전수하고, 대학원생에게 새로운 지식을 창출하고 탐색하는 과정을 지도교수와 함께 경험할 수 있도록 배려한다. 즉, 지속적으로 높은 교육수준의 인력을 배출하여 캘리포니아주의 경제발전에 기여할 뿐만 아니라 캘리포니아의 일반 주민을 대상으로 평생 교육을 제공하여 직장에서 필요한 전문 기술과 기능을 향상하는데 목적을 두고 있다.

다음으로 연구측면에서는 선도학자와 유망한 학생들이 다양한 분야의 연구활동을 함께 할 수 있는 최상의 환경을 조성하도록 배려한다. 이를 통해 이뤄진 연구성과는 새로운 제품, 기술, 일자리, 기업 또는 산업의 창출과 농업생산성의 향상에 기여하여 지역경제의 발전과 지역주민의 삶의 질을 향상시키는데 이바지한다. 마지막으로 UC버클리는 여러 가지 공공 서비스 프로그램과 산학협력을 통해 연구결과를 확산시키고, 이를 실제 산업에서 활용할 수 있는 기술로 전환시켜 캘리포니아와 미국 전체가 혜택을 받을 수 있도록 하고 있다. 이러한 사회봉사 정신에 입각하여 UC버클리는 대학 도서관, 박물관, 미술관, 공원, 과학센터 등 공공자산들도 외부에 개방하고 있다(〈Box 1-1〉 참고).

〈Box 1-1〉 UC버클리 대학의 사명

The University's fundamental missions are teaching, research and public service.

We teach– Educating students at all levels, from undergraduate to the most advanced graduate level··· through University Extension, with a half-million enrollments annually, UC provides continuing education for Californians to improve their job skills and enhance the quality of their lives···

We do research–··· UC provides a unique environment in which leading scholars and promising students strive together to expand fundamental knowledge of human nature, society, and the natural world. Its basic research programs yield a multitude of benefits for California···

We provide public service–··· through its public service programs and industry partnerships, UC disseminates research results and translates scientific discoveries into practical knowledge and technological innovations that benefit California and the nation···

출처: UC버클리 대학교, http://www.universityofcalifornia.edu/aboutuc/mission.html

21세기 대학의 역할

역사적으로 볼 때 대학은 줄곧 지식의 핵심위치에 있었다. 사회의 발전이 더욱 지식에 의존하게 되면서 대학의 역할은 기존 지식에 대한 보존, 검색, 교류 등에서 지식을 창출하고 또한 이를 효과적으로 활용할 수 있는 전략적 역할로 전환되고 있다. 이러한 역할을 맡고 있던 대학은 지식기반사회에서 더욱 중요한 위치에 놓이게 되었다.

대학의 교육, 연구, 공공 서비스의 세 가지 기능은 사회의 발전과 변화에 따라 더욱 확대되었다. 우선 교육기능을 살펴보도록 하자. 과거에는 사회변화가 크지 않아 대학에서 배운 지식만으로 충분히 직장에서 업무를 처리할 수 있었다. 하지만 이제는 직장에서 지속적으로 새로운 지식을 획득하지 않으면 안 되는 평생학습사회로 진입하였다. 따라서 대학은 사회 엘리트만을 교육하는 과거의 역할 이외에 사회에 진출한 대학졸업생들이 지속적으로 새로운 지식과 정보를 습득할 수 있는 평생교육을 제공하는 역할까지 수행하게 된 것이다. 따라서, 대학의 교육은 적령기의 청년뿐만 아니라 성인을 포함한 학습이 필요한 모든 사람에게 개방되어야 한다. 특히 고령화 사회로 진입하면서 발생되는 일련의 사회문제에 대응하는데 있어서 대학의 평생교육은 갈수록 더 중요해지고 있다.

과거에는 대학의 연구성과가 기업의 기술력 향상이나 사회 경제발전과의 직접적인 연계가 부족하였지만 현 사회에서는 대학연구의 실용성에 대한 요구가 갈수록 높아지고 있다. 또한 과거에 대학은 주로 국가의 지원에 의존하여 성장해 온 반면, 세계화 · 정보화 시대에서는 국가기능의 축소에 따라 대학에 대한 재정적 지원도 점차적으로 감소되고 있다. 이러한 상황에서, 시장원리에 따른 경쟁운영체제를 대학에 도입하면서 점차 경쟁력을 갖춘 대학만이 살아남게 되었다. 이에 대학은 연구기술의 이전과 상품화를 통해 재정의 원천을 확보하는 기업가의 기능까지 수행하게 되었다(김천권, 2007). 따라서 갈수록 많은 대학들이 전문 경영인에게 맡겨 기업경영에서 흔히 쓰는 경영기법이나 평가시스템을 도입하고 있다 (Nagy and Robb, 2008).

대학의 교육 및 연구기능의 확대와 더불어 대학가 주변에 음식점, 커피숍, 주택, 오락장소 등과 함께 대학촌이 생기고, 심지어 대학도시가 형성되어 지역 소비를 촉진하면서 경제 활성화에도 도움을 주고 있다. 예를 들면 영국의 옥스포드와 캠브리지가 이러한 대학도시이다. 뉴질랜드의 경우, 오클랜드 대학의 지역경제에 대한 기여도는 매년 약 44억 뉴질랜드 달러(한화로 약 4조원)에 이른다고 한다(조선일보, 2006/4/26). 따라서, 대학은 소득창출을 위한 경제활동까지 수행하고 있다. 이와 같이 대학의 교육, 연구, 공공 서비스 기능은 서로 분리되어 있는 것이 아니기 때문에 이러한 것들을 통합하는 더욱 큰 그림에서 대학발전 더 나아가서 사회발전을 위한 전략을 수립해야 할 것이다.

3. 새로운 대학평가기준: 사회적 기여

앞에서 살펴본 것과 같이 교육과 연구는 대학의 가장 근본적인 두 가지 기능이다. 현재 대부분 대학평가기관의 평가기준은 이 두 가지 기능과 관련된 성과를 바탕으로 대학의 경쟁력을 평가하고 있다. 세계적으로 가장 영향력 있는 대학평가에는 영국의 대학 평가기관인 Quacquarelli Symonds(QS)의 QS세계대학순위, 영국의 주간잡지인 The Times Higher Education의 세계대학순위, 그리고 상하이 자오퉁 대학(上海交通大學)의 세계대학 학술순위가 있다. 이들은 대부분 현실적으로 자료수집이 용이한 지표를 활용하여 대학을 평가하고 있다. 이러한 지표들은 대학의 물적, 인적 인프라와 관련되어 있어, 대학의 투입에 관련된 내용은 잘 반영되어 있지만, 대학의 사회기여에 대한 부분은 제대로 반영되지 않고 있다(〈표 1-3〉 참고).

〈표 1-3〉 세계 3대 대학평가기관의 평가기준

평가기관	평가기준
Quacquarelli Symonds(QS)	Academic reputation (40%) Employer reputation (10%) Student-to-faculty ratio (20%) Citations per faculty (20%) International faculty ratio (5%) International student ratio (5%)
The Times Higher Education	Teaching: the learning environment (30%) Research: volume, income and reputation (30%) Citations: research influence (30%) Industry income: innovation (2.5%) International outlook: staff, students and research (7.5%).
Shanghai Jiaotong University	Quality of education (10%) Quality of faculty (40%) Research output (40%) Per capita performance (10%)

출처: Quacquarelli Symonds(QS): http://www.topuniversities.com/university-rankings-articles/world-university-rankings/qs-world-university-rankings-methodology, The Times Higher Education: http://www.timeshighereducation.co.uk/world-university-rankings/2013-14/world-ranking/methodology, Shanghai Jiaotong University: http://www.shanghairanking.com/ARWU-Methodology-2013.html
주: 괄호안의 숫자는 각 부문지표의 가중치를 의미함.

이에 최근 미국 격월간지 Washington Monthly는 처음으로 '대학의 지역사회 및 국가에 대한 기여도'라는 새로운 기준으로 미국대학 순위를 평가하였다. 이 평가에서는 우리가 잘 알고 있는 아이비리그(Ivy League)[3] 등 미국의 명문대학 중

[3] 미국 동부에 있는 8개 명문 사립대학의 총칭. 브라운(Brown), 컬럼비아(Columbia), 코넬(Cornell), 다트머스(Dartmouth), 하버드(Harvard), 펜실베이니아(Pennsylvania), 프린스턴(Princeton), 예일(Yale)대학교가 포함됨.

대부분이 톱 10에서 탈락된 반면, 캘리포니아주의 대학들이 최상위에 포함되었다(〈표 1-4〉 참고). Washington Monthly는 전체 학생 가운데 저소득층 학생의 비율, 최첨단 연구 제공, 공공 서비스 권장 등 세 개 부문의 12개 지표에 의해 대학 순위를 정하였다. 이는 대학의 공공 서비스 기능이 현실적으로 대학평가에 있어서 점차 중요하게 다루어 지고 있음을 의미한다.

〈표 1-4〉 사회 기여도 평가 美 대학 톱 10(2011년)

순위	대학	순위	대학
1	UC 샌디에이고*	6	하버드대학교
2	UCLA*	7	케이스웨스턴리저브대학교
3	UC버클리*	8	UC데이비스*
4	스탠퍼드대학교*	9	잭슨주립대학교
5	UC리버사이드*	10	미시건대학교(앤아버)

출처: Washington Monthly, http://www.washingtonmonthly.com/college_guide/rankings_2011/national_ university_rank.php

주: 캘리포니아주에 속한 대학은 *로 표시함.

사회기여형 인재를 찾는 미국 대학

대학입시와 관련되어 매우 의미 있는 사례가 있다.[4] SAT(미국 대학 수학능력시험)에서 각각 1,550점, 1,450점, 1,200점을 받은 학생 세 명이 동시에 예일대(Yale University)에 지원하였는데, 1,200점을 받은 학생이 입학허가를 받았다. 수능

[4] 시사IN, 2011년 7월 13일의 기사 "미국 대학 학부에는 의학 • 법학이 없다"의 내용을 인용한 것임.

시험이 대학입학에서 절대적 평가기준인 한국에서는 이해가 잘 되지 않을 것이다. 점수가 상대적으로 낮은 학생이 대학에 합격되고, 또한 SAT 만점을 받고도 낙방 당한 이유가 무엇일까?

SAT 1,200점 받은 학생의 부모는 세탁소를 운영하고 다른 두 명 부모는 모두 중산층이었다. 세탁소를 운영하는 집은 굉장히 바쁘고 자녀의 공부를 지도하기 힘든데도 불구하고 자녀가 1,200점을 받았으므로 앞으로 성장할 잠재력이 더욱 높을 것이라고 평가하였기 때문이다. 미국 대학입학신청에서 지원 학생이 아르바이트 경험이 있다면, 다른 학생들보다 공부할 시간이 적었음에도 불구하고 양호한 성적을 거두었다고 인식하기에 가산점을 준다. 공부뿐 아니라 학생의 다양한 경험도 중요하게 여기기 때문이다. 예를 들면, 의학 전문대학원의 경우 학부에서 생물학만 공부한 학생을 원하지는 않는다. 의사라면 환자와 소통을 원활히 할 수 있는 사람이어야 한다. 따라서 학생의 지식습득 능력, 인성, 리더십, 봉사 경험 등을 포함하여 종합적으로 평가한다. 즉, 미국 대학입학에 있어서 학업 성적은 물론 중요하지만 성적이 유일한 결정요인은 아니다.

이러한 선정기준은 미국대학이 공부만 잘하는 학생이 아니라 대학발전과 지역사회 및 국가에 기여할 수 있는 학생을 뽑는 것을 목표로 하기 때문이다. 따라서 이들이 중요하게 다루는 선발 기준에는 타인과 잘 어울리는지, 리더십 또는 열정을 가지고 있는지, 남을 배려하고 봉사하는 사회기여 성향이 있는지 등과 같은 학생의 가치관에 대한 평가를 포함하고 있다. 예를 들면, 하버드 대학은 학생 선발에서 학생의 향후 발전 잠재력, 취미와 활동, 개인적 특성, 그리고 하버드 대학 공동체에 대한 기여 등 네 가지 측면을 고려하고 있다.

하지만, 미국 대학이 성적보다 학생의 내적 가치관만을 보는 것은 아니다. 미국 명문대학에 들어서려면, 높은 성적은 기본이어야 한다. 예를 들면, 예일대 신입생 SAT 수리영역 성적 분포를 보면, 2005~2007년 사이 합격자 중 상위 25%는 모두 790점(800점 만점) 이상이며 하위 25% 점수도 거의 700점에 가깝다(이데일리, 2008/2/13). 따라서, 미국대학은 지식을 전수하고 창출하는 것은 물론 사회 봉사 가치관을 가진 지식과 연구능력을 겸비하는 인재 양성에도 중점을 두는 있음을 알 수 있다. 하버드 대학교에서 흑인으로서 최초의 박사학위를 받은, 20세기 초 미국 흑인 지성사회를 대표하는 윌리엄 듀보이(William Du Bois)가 "교육은 사람을 목수로 만드는 것이라기보다는 목수를 사람으로 만드는 것이다"라는 말은 이러한 의미를 잘 반영한다.

4. 대학의 세 가지 기능간의 관계

대학의 세 가지 기능-교육, 연구 및 공공 서비스-는 근본적으로 다른 특징을 가진다. 하지만, 대학의 지속적인 발전을 위해서는 그 어느 기능도 소홀히 해서도 안 된다. 이 세 가지 기능은 서로 상반되거나 양립할 수 있는 것이 아니라, 상호보

완의 관계에 있기 때문이다. 이제는 그 어떠한 대학도 지식의 전달에만 의존해서 존속할 수 없다(Khan, 1960). 지속적인 연구과정을 통해 지식창출을 증진시켜야 하고, 이러한 연구가 깊이 있는 교육을 전달할 수 있는 원천이 되어야 하기 때문이다. 한편, 교육을 통해 학생들은 끊임없이 새로운 연구주제를 발견해 나갈 수 있다.

최근 사회에서 공공 서비스 기능의 중요성이 갈수록 높아지고 있지만, 공공 서비스가 강조된다고 해서 대학의 기본적인 기능인 교육과 연구를 소홀히 해서는 안 된다. 예를 들면, 당장 적용하기 힘들거나 학교재정에 도움이 되지 않는 이유로 순수학문 연구를 위한 학과를 폐지하고, 사회에서 필요한 실용적인 학과만 추구할 수는 없다.

연구가 없는 교육이 지속되기 어려운 것처럼 대학의 공공 서비스 역시 교육과 연구를 그 바탕으로 하고 있다. 공공 서비스는 교육과 연구기능을 충실히 수행했을 때 한층 더 강화된다. 다른 한편으로, 공공 서비스는 봉사 자체로 끝나는 것이 아니라, 교육과 연구기능의 향상에 도움이 되어야 더 의미가 있다. 따라서 대학의 공공 서비스는 대학, 교수 및 학생이 가진 전문지식 등의 자원을 일방적으로 베푸는 것이 아니라, 나눔을 통해 더 많은 것을 가르치고 배우며, 연구에 있어서는 보다 창의적인 아이디어를 얻을 수 있는 경쟁력 향상을 위한 새로운 기회로 보아야 한다.

방글라데시의 가난한 사람들을 위해 그라민 은행(Grameen Bank)을 세운 Muhammad Yunus 교수는 "대학이 자신의 지식에 도취되어 주민들과 관계를 맺지 않는다면, 사회에 결코 도움이 될 수 없으며, 학교에서 가르치는 경제학이 가난한 사람들의 삶을 더 나은 방향으로 바꿀 수 없다면 학문으로서의 의미가 없다"고 강조하였다(하승우, 2009). 기존의 교과서적인 교육은 지식전달에 있어서 한계가 있다는 것이다. 지식자체의 전달은 가능하지만, 이를 확실히 이해하고 활용하는데 있어서는 실천이 필요하다. 그러나 모든 지식을 모두 교과서를 통해서 얻을 수 있는 것은 아니다. 예를 들면, 사회봉사를 통해 얻은 자신감, 타인에게 먼저 손을 내미는 방법, 타국 문화의 이해 등은 전통적인 교육방법으로는 습득하기 어렵다. 봉사활동에 관한 학습은 교육과 봉사를 유기적으로 결합하는 좋은 방법이다.

봉사학습은 학생들의 학습과 발전을 위해 의도적으로 체계화된 기회를 통해 인간과 지역사회의 욕구를 만족하는 활동에 학생들을 참여시키는 일종의 경험교육이다. 봉사학습에는 상호 교환성 과정과 반성 과정의 두 가지 핵심요소가 포함된다(Jacoby, 1996). 상호교환성은 봉사 수여자와 수혜자간의 주고받는 상호작용을 의미하며, 모든 참여자들이 학습자이고 학습의 내용을 결정한다. 봉사학습이 상호간의 소통을 통한 학습과정이라면, 반성과정은 학습결과를 한 단계 더 발전시킬 수 있는 단계 또는 기회이다. 봉사경험만으로는 자동적으로 학습이 이루어지지 않고, 학습을 강화하려는 뚜렷한 반성적 고찰과정이 있어야 제대로 이루어진다(김성이, 1997). 다시 말하면, 봉사활동이 끝나는 시점에서 완전히 끝나는 것이 아니라 봉사대상자, 동료, 그리고 교수들로부터 피드백을 받아 그 중에서 새로운 경험 또는 지식을 부가적으로 얻는 것이다(김성이, 1997). 따라서, 이 두 가지 요소를 갖추게 되면 전공분야가 아니더라도 더 효과적인 결과를 이뤄낼 수 있으며, 일반적인 봉사활동도 더 의미가 있고 좋은 학습결과를 맺을 수 있다.

2

한국 대학의 사회적 책임

1. 한국 대학 사회봉사의 역사적 발전

한국 대학의 사회봉사활동은 1990년대 초부터 본격화되기 시작하였다. 예를 들어 1994년 한양대학에서는 사회봉사단을 만들었고, 1995년 봄학기부터 사회봉사를 교양선택과목으로 개설하였으며[1], 이 과목의 학점은 1학점이고 학생들이 최대 3학점까지 수강할 수 있도록 하였다. 한양대의 선도역할에 힘입어 사회봉사 학점제가 다른 대학으로도 확산되어, 현재 국내대학에서는 다양한 사회봉사 교과과정이 운영되고 있다. 한편, 1995년 5월 31일 교육개혁 조치로 인해 중 · 고등학교 학

[1] 2009학년도부터 '사회봉사'를 필수과목으로 지정하였음.

생들 역시 자원봉사활동에 의무적으로 참여하게 되었다. 이로 인해 중 · 고등학교의 자원봉사활동이 대학 입시 자료로 활용하게 되면서 사회봉사에 대한 대학의 관심도 고조되었다. 특히 1996년 대학 총장들에 의해 창설된 한국대학사회봉사협의회(이하 대사협)는 그 동안 산발적으로 운영되어 오던 대학 자원봉사 프로그램의 체계성과 조직성을 강화함으로써, 전국 대학 사회봉사교육의 정착에 결정적 역할을 하였다(성명옥 · 오효근, 2004).

대사회의 설립취지는 대학 및 전문대학이 사회봉사 교육과 활동에 대한 상호 협조를 통하여, 대학생들이 재학 중 사회적, 윤리적 문제에 대한 경험과 사례를 통해 사회봉사를 향상시키는 방안을 협의하고, 개발 및 보급함으로써 사회발전에 기여하는 것이다. 현재 대사협은 주로 다음과 같은 여섯 가지 기능을 가진다. 1) 대학생 사회봉사활동의 발전 및 육성, 2) 대학 교육과정과 사회봉사 연계에 관한 연구개발, 3) 대학의 사회봉사 활동에 관한 연수 지원, 4) 국내/외 사회봉사 관련 기관과의 교류 및 제휴, 5) 대학 사회봉사 프로그램 개발 보급, 그리고 마지막으로 6) 기타 회원대학 상호간에 협의 조정이 필요한 사항(대사회 홈페이지, http://kucss.or.kr/).

이외 다른 사회적 요소도 대학의 사회봉사 활성화에 영향을 미쳤다. 1994년에 삼성그룹이 국내 재계 최초로 사회공헌 업무를 전담하는 사회봉사단을 창립하였고, 이는 다른 기업의 자원봉사 모델이 되었다. 그 후 많은 기업들이 자원봉사에 참여하였으며, 기업의 신입사원 채용 시에도 자원봉사경력이 있는 자를 우대하는 정책을 실시하였다. 한편, 정부에서도 각 부처의 공무원 채용 시 자원봉사경력을 반영하는 등 사회 각 계층의 자원봉사에 대해 제도적 조치를 마련하였다. 특히, 1997년 외환위기로 인해 한국 사회에서 자원봉사운동의 새로운 전기를 맞이하게 되었으며, 대학뿐만 아니라 사회 각 계층의 사회문제 해결과 소외계층을 돌보는 자원봉사활동의 발전에 원동력을 제공하였다.

2. 한국 대학 사회봉사 현황

2012년 한국 자원봉사자는 약 128만명으로, 이는 한국 전체 인구의 2.6%를 차지한다. 이 중 대학생은 20만명으로서 전체 자원봉사자의 약 16%를 차지한다(〈표 2-1〉 참고). 2007-2012년 사이 한국 자원봉사자 수의 연 평균 증가율은 14%에 달하는데 비해, 대학 사회봉사자 수의 연 평균 증가율은 약 20%로서 전국 평균보다 높게 나타났다.

교육과정에 따른 자원봉사 현황을 비교하면, 자원봉사 대학생은 수적으로 중고등 학생에 비해 적지만, 1인당 봉사시간

〈표 2-1〉 한국 자원봉사자 현황(단위: 명)

	2007년	2008년	2009년	2010년	2011년	2012년
계(A)	753,634	915,122	1,081,041	1,353,476	1,486,380	1,280,381
대학(B)	100,329	124,238	148,428	176,783	202,396	202,132
비중(%) (B/A)	13.3%	13.6%	13.7%	13.1%	13.6%	15.8%

출처: 국가통계포털, http://kosis.kr/

이나 봉사횟수는 월등히 높게 나타났다. 한편, 연간 매월 1회 이상 봉사활동을 하는 봉사자 수에서 대학생은 중학생에 비해 많지만, 고등학생에 비해서는 적게 나타났다(〈표 2-2〉 참고). 〈그림 2-1〉에서 볼 수 있듯이 초 · 중 · 고등 학생의 봉사활동은 여름방학에 많이 집중된 반면, 대학생 사회봉사활동은 봄 학기에 특히 많이 집중되어 있다.

〈표 2-2〉 교육과정별 자원봉사 현황

	초등학생	중학생	고등학생	대학생
자원봉사자 수(명)	32,419	259,478	259,688	202,132
1인당 연간 봉사시간(시간)	10.08	11.07	17.02	29.08
1인당 연간 봉사횟수(회)	3.10	3.18	4.91	7.14
연간 매월 1회이상 봉사자 수(명)	198	798	1708	1055

출처: 보건복지부 · 한국사회복지협의회(2012)

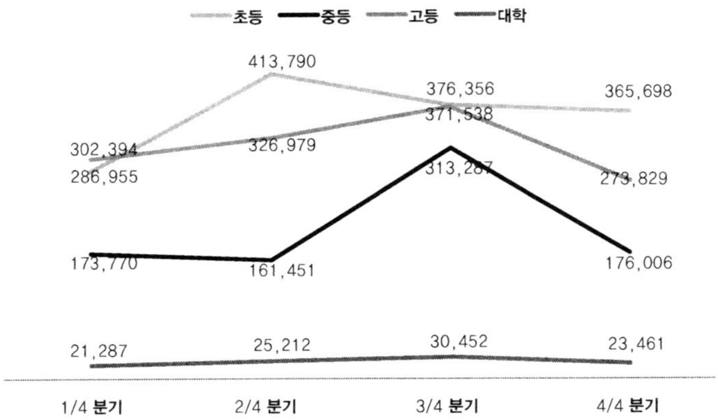

〈그림 2-1〉 분기별 봉사활동 현황(단위: 회)

출처: 보건복지부 · 한국사회복지협의회(2012)

한국 169개 대학을 대상으로 한 대사회의 2010년 조사결과에 따르면, 169개 대학 중 127개 대학이 사회봉사 담당부서를 보유하고 있고, 그 중 약 3분의 1의 대학만이 사회봉사단 및 봉사단과 같은 전담조직을 보유하고, 대부분 대학들은 아직 전담조직보다는 학생처, 교무처, 학과 등에서 봉사활동에 관한 업무를 겸하고 있다(〈표 2-3〉 참고). 조직의 인원수를 살펴보면, 대부분 1인 조직으로 이는 총 66개로서 전체의 47.5%를 차지하고, 2명 조직은 37개로서 27.3%를 차지하고 있으며, 3인 조직은 14개로 10.1%를 차지하고 있다. 하지만, 10명 이상을 가진 조직은 3개에 불과하며, 이는 전체 139개 조직 중 2.8%에 지나지 않는다.

〈표 2-3〉 대학 사회봉사 담당 조직명

구분	빈도	비중
사회봉사단 및 봉사단	47	37.0
교무처(과)	4	3.1
교학처	3	2.4
자원봉사	3	2.4
지역사회봉사	1	0.8
학생(복지)과	62	48.8
학부, 과사무실	3	2.4
봉사센터	2	1.6
인재(인간)	4	3.1
취업	2	1.6
기타	5	3.9
합계	**136**	**100.0**

출처: 대학사회봉사협의회(2010)

사회봉사 교과목 개설현황을 살펴보면, 2009년까지 총 169개 대학 중 138개 대학이 사회봉사관련 교과목을 개설하였는데, 대부분 개설한 과목수가 3개를 넘지 않았다. 이중 1개 과목을 개설한 대학이 가장 많았는데, 전체의 42.8%를 차지하고, 그 다음으로는 2과목(34.8%), 3과목(12.3%)의 순으로 많았다(〈표 2-4〉 참고). 교과목은 대부분 '교양'과목으로 되어 있는데 교양선택이 35.8%로 가장 많고, 교양필수(9.8%)와 교양/전공선택(6.5%)은 합쳐서 전체의 약 15%를 차지했다.

〈표 2-4〉 개설 과목수

구분	빈도	비중
1과목	59	42.8
2과목	48	34.8
3과목	17	12.3
4과목	4	2.9
5과목	4	2.9
6과목	1	0.7
7과목	2	1.4
11과목	1	0.7
22과목	1	0.7
26과목	1	0.7
합계	**138**	**100**

출처: 대학사회봉사협의회(2010)

대학은 사회봉사 교과목 운영 외에 소외계층지원과 지역 초·중·고등학교 지원 등 다양한 사회봉사 프로그램을 진행하고 있다. 예를 들면 독거노인 등 소외계층지원, 김장 담그기, 음식 나누어주기와 같은 음식봉사 등의 프로그램을 진행하고 있다. 또한 지역 초 · 중 · 고등학교를 위한 지원활동에는 주로 교육봉사, 멘토링, 방과후 교실로 등 프로그램이 있다(대학사회봉사협의회, 2010).

한국 대학생은 국내의 봉사활동뿐만 아니라 해외봉사활동으로까지 그 범위를 점차 확대하고 있는데, 이는 대사협의 설립 후 적극적인 지원을 받아 많이 늘어났다. 대사협의 한국청년 해외봉사단은 교육부의 지원을 받아 매년 하계 및 동계방학기간 동안 라오스, 몽골, 방글라데시, 베트남, 캄보디아 등으로 2~3주 단기 파견되어 해외봉사활동을 하고 있다. 봉사단에 참가한 학생들은 주로 현지에서 교육, 재활 및 IT 특화, 문화 교류 등의 봉사활동에 참여한다. 대사협은 1997년 처음으로 중국, 러시아, 베트남, 방글라데시 등 4개국에 131명의 학생을 파견하기 시작하여, 현재에는 총 4,000 여명에 이르는 대학생, 교수, 대학 사회봉사 담당자 등으로 구성된 봉사팀을 세계 각지에서 다양한 봉사활동에 참여시키고 있다(대학사회봉사협의회, 2009). 파견지역도 아시아지역에서 아프리카, 라틴아메리카, 유럽 등 타 지역으로 점차 넓혀가고 있다.

특히 최근에 해외봉사를 주관하는 대학들이 현저히 늘어났다. 대학들은 기존의 해외봉사에 비해 지속성, 전문성, 효율성을 높이는 노력을 하는 동시에, 일회성 봉사의 문제점을 극복하기 위해 한 지역에서 꾸준하게 봉사를 하는 경향을 보이고 있다. 예를 들면, 단국대 사회봉사단은 2007년부터 몽골지역에서 지속적으로 의료봉사를 하였다. 또 일부 대학들은 인근대학과 MOU를 체결하여 연합해서 봉사하기도 하였다. 한국기술교육대학교와 단국대학교는 몽골지역에서의 연합봉사에 대한 MOU를 체결하였는데, 각자의 특성화 분야를 고려하여 단국대는 의료봉사, 한국기술교육대학교는 기술봉사에 초점을 두었다. 또한, 해외봉사에 대한 전문성과 효율성을 높이기 위해 월드쉐어(Worldshare)와 같은 NGO와 협력하여 해외봉사를 진행하고 있다.

학생들의 봉사활동을 지원하는데 있어서 대학들은 주로 학점을 인정하는 지원방식이 약 50%를 차지하여 가장 많았으며, 그 다음으로는 장학금 지원, 상장 수여가 각각 17%, 14%로서 상대적으로 많이 사용하는 인센티브 방식이다. 이외에도 해외봉사 기회부여, 종합 시스템 정보내역 기록 등 다양한 프로그램을 통해 대학생들의 적극적인 봉사활동을 유도하였다(대학사회봉사협의회, 2010).

3. 한국 대학 사회적 책임의 문제점

앞에서 살펴본 것 같이 대학생들의 사회봉사활동 양이나 질적으로 모두 점차 확대되어가고 있지만 다음과 같은 몇 가지 문제점이 있다. 첫째, 학생들의 사회봉사활동 참여의 지속성이 부족하다. 일반 국민은 물론 대학생들의 사회봉사에 대한 인식이 여전히 많이 부족하기 때문이다. 한국 대학생들의 사회봉사활동 참여동기는 대부분 자발적이지만, 사회봉사 활동을 받는 수혜자의 입장에서 출발한 것이 아니라 이를 제공하는 대학생들 자신의 새로운 경험과 보람을 얻기 위한 것이다. 따라서 이러한 경우, 봉사자의 만족감이 떨어지게 되면 봉사활동도 쉽게 그만두게 된다. 또한 대학에서 사회봉사를 전담하는 부서와 인적 자원 등의 지원이 부족한 것도 지속성의 문제를 초래하는 이유 중의 하나이다.

둘째, 사회봉사에 대한 교수들의 참여가 부족하다. 교육, 연구업무로 바쁜 교수는 새로운 사회봉사과목의 개설과 학생들의 봉사활동지도에 시간과 자원을 투자하는데 있어서 많은 애로사항을 가지고 있다. 따라서 몇몇 문제점이 야기되기도 한다. 예를 들면, 과목 개설을 위해 지도교수 이름만 올려놓고 이와 관련된 상세한 수업계획서가 없거나 불성실하게 만든 수업계획서를 올라놓은 경우가 종종 발견되고 있다. 심지어 담당조교 없이 해당 봉사기관에 완전히 맡기는 경우도 많다. 또한 사회봉사과목을 개설한 교수마저 사회봉사에 대한 교육과 훈련이 제대로 되어 있지 않은 경우가 있기 때문에, 봉사참여 학생들의 전문성이 부족하다.

셋째, 사회봉사 활동이 체계적이지 못하고 관리가 부족하다. 사회봉사 전담 부서와 전담 인력이 부족하기 때문이다. 대학에서 학점인정 사회봉사 개설과목은 늘어났음에도 불고하고 이에 따른 사회봉사 전담부서나 직원 수가 그만큼 늘어나지 못하고 있는 실정이다. 따라서 사회봉사 과목이 체계적으로 관리가 되어 있지 않고, 사회봉사 프로그램이 단편적이며, 학문과의 연계가 부족하다. 어떤 경우에는, 봉사취지에 맞지 않는 봉사활동이 포함되기도 한다. 보건복지부 · 한국사회복지협의회의 2012년 통계에 따르면, 대학생의 봉사영역별 활동의 경우, 전문봉사가 6%에 불과하고 대부분(75%이상)이 시설봉사로서 학문과의 연계성이 매우 떨어진다.

대학 사회봉사의 활성화는 대학 공동체와 지역사회 그리고 국가의 지원이 필요하기 때문에 대학 사회봉사의 문제점을 제대로 이해하기 위해서는 대학 사회봉사활동 범위 내에서만 국한하여 볼 것이 아니라 사회적 측면과 교육시스템 측면에서 근원을 찾아볼 필요가 있다.

한국 사회적 측면

과거에는 한국 대학의 사회적 기여가 매우 미미했었는데, 그 이유는 한국의 사회발전 역사로부터 찾을 수 있다. 한국은 지난 50여 년 동안 엄청난 경제성과를 이루어 '한강의 기적'이라 불리기도 하며, 많은 개발도상국들이 경제발전의 본보기로 삼고 있다. 1960년대 당시 한국의 일인당 국민소득은 100달러에 불과하여 세계에서 가장 가난한 국가 중 하나였다. 하지만 2007년 일인당 국민소득이 처음으로 2만 달러를 돌파하여 선진국의 문턱에 들어섰다. 한국은 무역 교역량에서도 세계 중심국가 중 하나로 부상하였다. 또한 한국은 1996년에 '부자의 클럽'으로 불리우는 경제협력개발기구(Organization for Economic Cooperation and Development, OECD)에 가입하였다. 특히, 2009년에는 OECD 개발원조위원회(Development Assistance Committee, DAC)에 가입하여 대외원조 수혜국에서 공여국으로 탈바꿈하였다.

하지만 한국의 대외원조 규모는 OECD 국가 중에서 최하위에 머무르고 있다. GDP 대비 한국의 대외원조 비중은 아직 0.1%에도 미치지 않아, UN에서 권장한 ODA수준인 0.7%와는 여전히 많은 차이를 보이고 있다. 한국의 경제측면에서 이룬 성과에 비해 해외원조가 선진국에 비해 아직 많이 뒤떨어져 있다는 것을 보여준다. 한국의 해외 원조는 물론 국내 나눔 문화도 선진국에 비해 아직 일상생활에 정착되어 있지 않고 있다. 복건복지부와 사회복지공동모금회의 조사에 따르면, 기업의 기부는 크게 증가하였지만, 일반 시민의 기부는 급격히 줄어들었다. 2006년 개인 기부금 비율은 16.1%에 불과하여 他선진국의 개인 기부에 비해 5배의 차이를 보이고 있다(한국일보, 2007/9/2).

이에 대해 반기문 UN 사무총장은 다음과 같이 해석하였다. "자기자신을 위해 쓸 줄만 알지, 더 큰 공동체에 대한 개념, 봉사와 기부의 개념이 한국사회에 부족한 것은 뼈아픈 사실이다. 워낙 힘들게 살아왔고 급하게 성장을 해 그렇다고도 볼 수 있다. [···] 선진국에는 자신의 판단에 따라서 기여하는 자발적 기여금이 있는데 우리나라에서 자발적 기여금에 대한 태도는 '안내도 되는 돈을 뭐 하러 내느냐'는 식으로 공짜로 지날 수 있는 것은 공짜로 버티자는 사고를 보이고 있다"(파이낸셜뉴스, 2011/8/11).

한국 교육 시스템적 측면

한국의 교육방법은 주입식으로서 지식을 전달하는데 있

어서 대부분 교사의 강의에 의존하고, 짧은 시간에 많은 양의 지식을 집중적으로 전달하는 것이 특징이다. 따라서, 학생뿐만 아니라 학부모들도 현실 생활에서보다 전통적인 학교 수업에서 필요한 지식을 습득하는 것을 더 중시한다. 수업이 끝나면 사설 학원에서 과외공부를 하는데 나머지 시간을 투자하고 있다. 이와 같이 고등학교 때는 대학수능시험을 위해 열심히 공부를 하고, 대학교 입학 후에는 학점 취득, 장학금을 위해 열심히 공부를 한다. 특히 최근에 등록금의 부담에 대해 갈수록 어려워하는 대학생들은 여유시간에 등록금을 마련하기 위해 다양한 아르바이트에 시간 할애를 한다. 따라서 사회봉사활동에 투자할 시간은 상대적으로 줄어들게 된다.

학교로부터 배운 지식은 대부분 옳고 틀린 것이 분명하여 이러한 주입식 수업방식에 익숙한 학생들은 항상 옳은 답을 찾으려는 틀에 얽매이어서 창의적으로 학습하는 태도가 부족하게 되는 경우가 많다. 즉 정답이 이미 정해있는 것으로 보기 때문에 그 답에 대해 논의할 수 있는 기회를 놓치게 된다. 한편 사회봉사활동은 실험적이고 경험적인 교육의 특징을 가지고 있기 때문에 학생들의 잠재력을 최대한 개발할 수 있는 기회가 될 수 있다. 그러나 학생들은 이러한 실천을 통해 지식을 습득하거나 새로운 지식을 발견하는 방식에 대해 아직 익숙하지 않아, 사회봉사활동 참여에 대한 동기나 적극성이 부족한 경향을 보이고 있다.

3

대학 사회적 책임의 이론적 근거

1. 이론적 체계의 중요성

앞장에서 대학 사회적 책임의 필요성과 중요성을 서술하였고 이와 연결해서 이 장에서는 대학의 사회적 책임을 어떻게 효율적으로 진행할 것인지에 대한 이론적 측면을 서술하고자 한다.

사회현상을 이해하는데 있어서 매 번 시행착오를 겪을 경우 그 비용이 매우 크다. 10번을 경험해야 10개를 아는 것보다 하나를 배우면 10개를 알 수 있는 것이 효율적이다. 이를 위해서는 겉으로 서로 달라 보이는 여러 사례에서 공통적인 요소와 원칙을 쉽게 도출할 수 있도록 도와주는 이론적 틀을 만들어 내는 것이 필요하다. 이론은 복잡해 보이는 사회현상의 일정한 패턴을 찾아내서 사회현상을 쉽게 이해하는데 도움을 준다. 대학의 사회적 책임도 마찬가지로 관련 사례들을 체계적으로 연구해서 이를 이론화한 후 더욱 포괄적으로 현실에 적용할 수 있는 시사점을 제시하는 것이 중요하다.

기업의 사회적 책임을 효율적으로 수행하기 위해서는 경영학적 '전략'의 적용이 필요하다. 전략이란 일정한 목표를 달성하기 위해 최소의 투입으로 최대의 결과물을 얻기 위한 방법이다. 기업이 치열한 경쟁에서 지속적으로 발전하기 위해서 전략이 필요하다는 것은 당연하다고 여기지만, 대학의 사회적 책임과 관련해서는 전략의 중요성에 대해서 제대로 인식하지 못하고 있다. 대학의 사회적 책임은 단순히 자원봉사의 일종으로 보고, 갖고 있는 자원을 사회에 기부하기만 하면 된다고 생각하기 때문이다. 하지만, 대학의 사회적 책임의 실천에 있어서도 다음과 같은 이유로 전략이 매우 중요하다.

첫째, 대학의 사회봉사는 일반 비영리기관에서 실천하는 사회봉사와 다르다. 대학은 인재를 양성하고 학문을 연구하는 곳으로서 공공 서비스는 비록 대학의 제 3기능이기는 하지만, 단순한 서비스 제공에서 끝나서는 안 된다. 공공 서비스는 학생을 교육하는 일종의 수단으로서, 봉사활동의 체험을 통해 앞으로 사회에 진출할 대학생들이 의미 있는 사회경험을 할 수 있도록 해야 하고, 사회발전에 기여해야 한다는 의식을 심어주어야 한다. 따라서, 공공서비스의 내용 또는 다양성 등 여러 면에서 효율성을 높이고 체계적인 접근을 하는 전략이 필요하다.

둘째, 대학은 학생들에게 양질의 교육을 제공해야 한다는 사명이 있고, 학생들에게는 공부라는 본업이 있기에 대학의 사회봉사는 일반적인 공공 서비스에 비해 시간적으로 여러 가지 제약이 있다. 대학생들은 방학 동안에 상대적으로 많은 자유시간을 갖지만, 학기 중에는 수업과 과제 등으로 인해 시간을 할애하기 어렵다. 따라서 체계적으로 잘 만든 사회봉사 프로그램은 대학생들의 한정된 시간을 보다 효율적으로 활용하는데 중요할 뿐만 아니라 앞서 제기한 사회봉사 참여에 있어서 지속성 문제를 해결하는데 있어서도 큰 도움이 될 수 있을 것이다.

셋째, 대학은 도서관, 체육시설, 박물관 등의 자원을 가지고 있으며, 전문지식과 기술을 가진 대학교수와 학생들로 구성되어 있다. 따라서 이러한 물적 및 인적자원을 잘 활용하면 일반인의 사회봉사보다 더 큰 파급효과와 긍정적인 영향을 줄 수 있다. 반면, 관리가 부족하면 오히려 의도한 바와 다른 역효과를 가져올 수도 있다. 따라서 무조건 사회봉사를 하는 것보다는 전략적이고 체계적인 관리가 필요하다.

그러나 현재 국내 대부분 대학의 사회활동은 이러한 체계성과 효율성을 높이는 전략이 부족한 나머지, 프로그램을 일회성으로 끝마치거나 자원을 제대로 활용하지 못하는 경우가 많다. 따라서 본 장에서는 대학의 사회적 책임을 수행하는데 있어서 효율성을 높이는 방법론을 제시하겠다. 이러한 방법론은 앞으로 대학이 사회적 활동을 추진하는데 있어서 여러 문제점들을 해결하는 유용한 가이드라인으로 활용 될 수 있을 것이다.

2. 대학의 사회적 책임에 대한 이해

기업의 사회적 책임(CSR)이란 용어는 1970년대부터 널리 사용되어 왔었고, 지난 몇 십 년 동안 CSR에 대한 학문적 연구도 활발하게 진행되어 왔다. 그러나 이에 비해 대학의 사회적 책임(University Social Responsibility, USR)은 1990년대 말부터 논의되기 시작하였고, 현재에는 세계 모든 고등교육 기관에서 널리 확산되고 있다. 국제연합교육과학문화기구(United Nations Educational Scientific and Cultural Organization, UNESCO)는 1998년 파리에서 개최한 세계고등교육회의(World Conference of Higher Education)에서 고등교육기관의 사회적 사명을 처음으로 제기한 후, 2009년 UNESCO 포럼에서 고등교육기관의 윤리의식을 가진 시민 양성, 인권, 민주화 가치 수호, 세계 평화 수호 등 대학에서 다루어야 할 일련의 사회적 이슈들에 대해 재차 강조하였다.

한편, 국제대학연합회(International Association of Universities, IAU)는 정책 성명(policy statement)을 통해 대학의 사회적 책임을 학문적 자유, 대학 자율성과 함께 고등교육기관이 현재 직면하고 있는 3대 이슈로 제시했다. 더 나아가 2008년에는 대학의 사회적 책임을 전문적으로 다루는 국제기관인 글로벌 대학 사회적 책임 네트워크(Global University Social Responsibility Network)가 설립되었다. 이와 더불어, EU의 European Commission에서는 장기적 측면에서 유럽 대학들의 사회적 책임을 강화하기 위한 모델을 개발하기 위해 EU-USR 프로젝트를 추진하기도 하였다.

현재 대학의 사회적 책임은 이미 고등교육 관련 주요 이슈 중에서 핵심주제로 발전하였다(Sawasdikosol, 2009). 대학들은 비록 오랫동안 다양한 방식으로 사회 문제의 발견과 해결에 참여하여 왔지만, 주로 사회봉사, 또는 대학의 기존 교육과 연구의 기능을 확대시키는 방법을 통해 사회의 각종 이슈에 대한 참여를 추구해 왔다. 그러나 대학은 아직 사회에 대한 참여활동을 대학조직의 운영시스템에 체계적으로 적용하지 못하고 있는 상황에서, 사회는 대학이 사회문제해결에 더욱 적극적인 역할을 맡을 것을 기대하고 있다(Colby, Ehrlich, Beaumont, Rosner, and Stephens, 2000).

대학의 사회적 책임에 대한 학문적 연구는 아직 체계화되어 있지 않고, 이에 대한 정의도 공식적으로 통일된 것이 없다. 사회적 책임에 대한 연구는 주로 대학이나 대학연합체와 같은 국제기관에서 주로 진행되고 있다. 실제로 일부 학자들이 대학의 사회적 책임에 대해 정의를 내릴 때 기업의 사회적 책임을 참고하기도 하였다. 〈표 3-1〉에서는 대학의 사회적 책임 관련 연구에 많이 인용되거나 대표적인 국제기관에서 사용한 정의를 정리해 보았다.

〈표 3-1〉 대학의 사회적 책임의 정의

기관	정의
Reiser (2008)	A policy of ethical quality of the performance of the university (students, faculty and administrative employees) via the responsible management of the educational, cognitive, labor and environmental impacts produced by the university, in an interactive dialogue with society to promote a sustainable human development
Vasilescu, Barna, Epure, and Baicu (2010)	The need to strengthen civic commitment and active citizenship; it is about volunteering, about an ethical approach, developing a sense of civil citizenship by encouraging the students, the academic staff to provide social services to their local community or to promote ecological, environmental commitment for local and global sustainable development
Global University Social Responsibility Network	An ethical approach to develop a sense of civic citizenship and socially responsible students, academic staffs and faculty members in order to promote social, ecological, environmental, technical and economical engagement for a long lasting and sustainable local and global community
European Commission (EU-USR)	The responsibilities of a (European) university for the impacts of its decisions and activities on society and the environment through transparent and ethical strategies

대학 사회적 책임의 본질

나눔은 주는 사람인 수여자와 받는 사람인 수혜자간의 소통을 강조한다. 일반적으로 사람들은 나눔을 수여자의 이익을 희생해서 수혜자에게 일방적으로 도와주는 것으로 본다. 이를 'inside out'이라고 한다. 한편, 도움을 준다는 것은 본인이 당장은 손해 보는 것처럼 보이나 언젠가는 도움을 받게 된다. 이를 'outside in'이라고 한다. 많은 사람들은 나눔을 일방적인 도움으로 자신이 손해를 보는 제로섬(zero sum)이라고 생각한다. 그러나, 나눔의 활동을 크게 보면 수여자가 최종적으로 수혜자로부터 보상을 받을 수도 있기 때문에 결과적으로 윈 · 윈이 될 수 있다.

한편, 수여자와 수혜자 사이의 윈 · 윈이 사회 전체에도 도움이 된다는 측면에서, 나눔의 개념을 사회 전체로 한 차원 더 확장시킬 수 있다. 예를 들면, 농어촌 지역에서 클래식 음악을 틀어주는 모임을 가져보니 좋아하지 않을 것 같던 사람들인데도 불구하고 매우 좋아한다는 것이다[1]. 또한 서울대학교 생활과학대 주최로 장애우를 위한 패션쇼를 진행한 적이 있는데, 장애우들은 처음에는 많이 어색해 하며 부끄러워했지만 끝날 때는 매우 좋아하였다고 한다.[2] 이와 같이 사회적으로 소외된 사람들이라 할지라도 조심스럽게 접근하면 이들의 사회에 적응하려는 노력을 이끌어 낼 수 있고, 이를 잘 활용하면 사회통합까지 이끌어 낼 수 있다. 단순히 수여자가 수혜자에게 주는 혜택만이 아니라 사회전체에도 긍정적인 영향을 미치는 것이다. 즉, 수여자, 수혜자, 사회가 모두 윈 · 윈 · 윈이 되는 것이다(〈그림 3-1〉 참고).

---

1 서울대학교 음악대학 김병종 교수가 '서울대 나눔모임'에서 발표한 내용을 인용한 것임.

2 서울대학교 생활과학대학 김민자 교수가 '서울대 나눔모임'에서 발표한 내용을 인용한 것임.

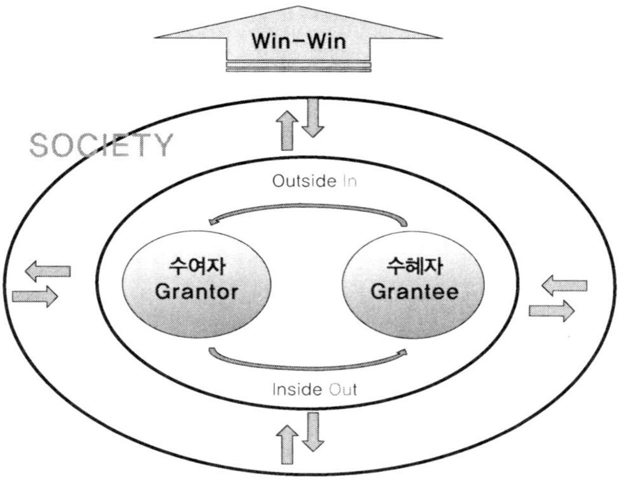

〈그림 3-1〉 나눔의 사회적 확장[3]

이 모델을 나눔의 개념에 적용하면, 수여자는 교수, 학생, 직원, 졸업생 등 대학 및 대학 공동체에 속한 모든 구성원이 될 것이고, 수혜자는 대학이 속한 주변 지역, 국가, 그리고 더 나아가 전 세계가 될 것이다. 대학의 사회적 책임은 대학이 일방적으로 베푸는 것이 아니라 궁극적으로 대학과 사회가 모든 주체의 이익 또는 가치를 향상시키는데 있다.

대학 사회적 책임의 일환으로, 최근에 학교캠퍼스를 외부에 개방하고 있다. 휴일이 되면 많은 지역주민들이 찾아와서 학교캠퍼스는 지역공원의 역할을 맡게 되었다. 학교를 개방하여 지역주민들과 함께 공유하자는 의도는 좋지만, 그 결과

---

[3] 이 그림은 Porter and Kramer(2006)의 개념을 확장해서 대학의 사회적 책임에 적용하여 작성한 것임.

는 기대만큼 좋지 않았다. '들어가지 마시오'라는 표지판을 무시하고 잔디밭에 들어가고, 기숙사 근처에서 무질서하게 떠들어 학생들의 휴식을 방해하고, 또한 학교도서관 밖에서 큰 소리를 지르며 학생들의 공부를 방해하는 것 등으로 인해 학교 학생들이 학교캠퍼스의 개방에 대해 반감을 가지게 되었다고 한다. 그러나 대학생들의 이러한 반응에 대해 "대학이 지역사회의 발전에 이바지해야 한다는 생각을 가지지 못한 데서 나오는 다소 편협한 사고이다. 지역사회에 대한 봉사는 대학의 존재 근거 중의 하나이다"라고 평가하기도 한다(포항공대신문, 2001/8/29). 과연 학생들의 사고가 편협한 것인가? 대학의 사회적 책임은 대학이 수행해야 할 의무이고, 존재 근거 중의 하나이지만, 대학의 정상적인 기능수행에 방해를 주는 정도에 이르는 것은 옳지 않다.

따라서 대학의 사회적 책임은 아래와 같이 네 가지 원칙에 따라서 수행되어야 한다. 첫째, 대학의 사회적 책임은 가능하면 대학과 사회가 모두 윈 · 윈이 되게 한다. 둘째, 모두 윈 · 윈이 아닐지라도 효율적인 전략을 활용함으로써 최소투입으로 최대효과를 얻을 수 있게 해야 한다. 셋째, 대학의 두 가지 기본 기능(교육, 연구)에 심각한 피해를 주지 않도록 한다. 넷째, 기본적으로 위의 세 가지 원칙에 만족함에도 불구하고, 만약 상대가 특별히 취약하거나 어려움에 처한 경우 자신의 희생을 감수 할 수도 있다. 이는 바로 대학이 근본적으로 공익을 위한 비영리 기관으로서 이타성과 무보수성이라는 특징을 갖고 있기 때문이다.

나눔의 이론적 근거: 상호적 이타주의

나눔에 대한 이론적 근거가 생물학적으로 과연 존재할까? 몇 가지 예를 들어보자. 일벌은 자기 새끼를 낳아 기르지 않고 여왕벌이 낳은 새끼를 기른다. 몽구스의 파수꾼은 굶주리면서도 동료들이 마음 놓고 식량을 찾는 일에 전념할 수 있도록 배려한다. 이로 인해 약 3분의 2가 몽구스가 파수를 보다 죽는다고 한다. 또한 땅다람쥐는 천적을 보면 자기의 희생을 감수하면서까지 소리를 질러 무리를 대피시킨다고 한다. 이러한 나눔은 자손을 남기기 위한 일방적 이타주의의 예로 볼 수 있다.

조금 더 재미있는 예가 있다. 흡혈박쥐는 40시간 동안 신선한 혈액을 공급받지 못하면 죽게 된다. 피를 먹은 박쥐는 피를 먹지 못한 박쥐에게 자신이 먹은 피를 토해내 공급한다. 이때 혈연관계는 없지만, 서로 안면이 있는 친구 박쥐에게만 피를 준다. 피를 제공받았던 박쥐는 반드시 피를 제공한 박쥐에게 혈액으로 그 대가를 보답한다. 하지만 남에게 피를 주지 않았던 박쥐는 다른 박쥐로부터 피를 얻지 못해 어려운 상황에 처했을 때 죽게 될 수 있다. 혈연관계가 없는 경우에도 이러한 행동을 보이는 것으로 보아, 이는 종족 보존을 위한 것이 아니다. 상호적 이타주의인 것이다. 부모가 자식을 위해 죽는 다는 것은 종족보전을 위한 것으로 생각할 수 있지만 흡혈박쥐의 사례에서는 나눔이 서로 도움을 주고 받을 수 있는 윈 · 윈을 바탕으로 하는 이타주의적 개념이라는 것을 발견할 수 있다.

이상의 내용을 정리하면 남을 도와주는 개념을 두 가지로 구분할 수 있다. 한 가지는 일방적 이타주의이고 다른 하나는 상호적 이타주의이다. 나눔의 이론적 근거는 바로 후자이다. 우리는 어려움을 겪고 있는 사회를 도와주고 자신이 어려움에 처했을 때 도움을 받을 수 있는 또는 이보다 한 걸음 더 나아가 남을 도와 주면서 동시에 도움을 받을 수 있는 윈 · 윈의 나눔 개념을 이론적 근거로 해야 한다.

3. 나눔의 분석모델

나눔의 분석모델은 나눔 활동의 효율성을 평가하는 기준으로서 대학의 사회봉사활동의 효율성 평가에도 적용할 수 있다. 이러한 분석모델은 현재 진행되고 있는 대학의 사회봉사활동의 장 · 단점을 점검할 수 있고, 더 나아가 앞으로 개선해야 할 방향까지 도출할 수 있다. 다음에는 수여자, 수혜자, 지원방식 그리고 경영마인드 등 네 가지 측면에서 나눔의 평가기준을 구체적으로 설명하도록 하겠다.

첫째, 수여자

나눔에 있어 수여자가 받는 혜택은 두 가지로 나눌 수 있다. 첫째는 일반적인 기쁨이다. 수여자가 기부하는 이유는 그만한 가치가 있기 때문이다. 경제학적 용어로는 한계효용이 한계비용보다 같거나 커야만 한다는 것이다. 그러나 상생적 나눔을 하기 위해서는 '주는 즐거움'뿐만 아니라 수여자의 자기발전도 함께 이룰 수 있는 것이 바람직하다. 이는 나눔으로 인해 수여자가 받을 수 있는 두 번째 유형의 혜택으로서, 일반적으로 자기발전은 개인능력 또는 기술측면의 향상 등이다. 따라서 자기발전을 위해서는, 무조건 도움을 주는 것보다는 자신의 전문분야에 맞는 도움을 주는 것이 훨씬 효율적이다.

대학의 사회봉사활동을 수행하는데 있어서 문제점 중 하나가 봉사활동 내용이 자신의 전공과 별로 관계없는 경우가 많다는 것이다. 학생들은 단순하게 학점 취득, 취업을 위한 경력 쌓기 등과 같이 대부분 개인차원의 동기에서 봉사를 하는 경향이 있다. 이들은 사회봉사가 최종목적이 아니라 어떤 목표를 달성하기 위한 수단으로 생각하는 경향이 있다. 따라서 수여자의 입장을 고려한 봉사가 아닌, 봉사를 하기 위한 봉사를 하게 되어, 봉사의 질도 떨어지게 되고 결국 수혜자에게도 기대했던 것만큼 혜택이 돌아 가자 못하는 경우가 많다. 이러한 봉사활동은 지속성은 물론 질도 떨어지게 된다.

둘째, 수혜자

수혜자의 입장에서는 일회성인 혜택보다는 장기적 자립을 위한 혜택이 필요하다. 예를 들면, 아프리카의 식수 문제를 해결해주기 위해 아이들이 놀면서 기구를 돌려 발생하는 에너지를 활용하여 물을 끌어올릴 수 있게 한 플레이 펌프를 설치했었다. 그런데 나중에 고장이 나서 수리를 요청하는 편지를 여러 번 보냈지만 답장이 바로 오지 않았다. 수리를 하는데 6개월이라는 긴 시간이 걸렸다. 어떤 경우는 결국 도움을 못 받고 작동을 중지한 적도 있었다(〈그림 3-2〉 참고). 이와 같은 근본적인 문제를 해결하지 못해 자립하지 못하는 혜택은 원래의 의도와는 반대로 전시성 행사로 끝나고 수혜자의 반감마저도 불러 일으킬 수 있다. 효율적인 사회봉사를 하기 위해서 물고기를 잡아주는 것이 아니라 물고기를 잡는 방법, 즉 자립할 수 있는 방법을 가르쳐주어야 한다.

〈그림 3-2〉 플레이 펌프(Play Pump) 사례

이러한 장기적 자립의 개념은 1960년대 초 미국 케네디 정부가 빈곤문제를 해결하기 위해 1962년에 제정한 사회보장개정안(Social Security Act Amendments)에서도 찾아볼 수 있다. 이 법안의 주요목적은 가난한 사람에게 돈만 주는 것은 충분하지 않고, 그들이 자립할 수 있도록 취업확대와 재활을 위한 여러 가지 서비스 프로그램의 제공이 근본적인 대책이라고 밝혔다. 본 개정안에 따라 공적 부조 수혜대상들은 자립을 위해 마련한 서비스를 받을 수 있게 되었고, 비용은 연방정부에서 75%를 부담하였다. 예를 들면, ADC(Aid to Dependent Children, 종속아동부조)를 AFDC(Aid to Families with Dependent Children, 피부양 아동이 있는 가정에 대한 생활 원조)로 바꾸어 가족의 역할을 강조하거나, AFDC 대상자에게 직업훈련을 실시하고 동시에 이들을 위한 탁아프로그램을 확대하였다.

셋째, 지원방식

나눔의 지원방식을 직접지원과 간접지원으로 나눌 수 있다. 직접지원은 금전이나 물자 등과 같은 '소비성 지원'을 의미하고 간접지원은 교육이나 장비와 같은 지속적으로 활용할 수 있는 '생산성 지원'을 의미한다. 이들 중 직접지원보다는 간접지원의 효과성이 더 오래 지속되는 경우가 많다. 금전이나 물자는 일시적인 것이지만 예를 들어 교육을 시키거나 생산장비를 제공해 주면 자립을 위한 근본을 바꾸고 생산성을 높일 수 있기 때문이다. 이러한 간접지원은 또한 많은 개발도상국이 부패로 인해 금전을 부적절하게 사용하는 것을 예방하는 차원에서도 유리하다.

대표적인 예로 의료기기 지원을 들 수 있다. 한국의 주요 대학병원에서 의료기기의 내구년이 과거에는 보통 10년 정도였다. 하지만 기술의 수명주기가 짧아지면서 의료기기를 교체하는 시기가 5년으로 단축되었다. 따라서 이러한 주기의 변화를 잘 이용하여 교체된 기기들을 버리지 않고 개발도상국에 지원해주어 이들이 지속적으로 사용할 수 있도록 도와줄 수 있다.[4] 이는 특히 영리기업에 비해 자금이 부족한 비영리 기관인 대학의 입장에서 볼 때 많은 자금을 들이지 않고 사회활동을 할 수 있는 좋은 방법이 될 수 있다.

간접지원의 또 다른 좋은 예는 하마물통(히포롤러, Hippo Roller)이다(〈그림 3-3〉 참고). 아프리카의 많은 지역에서 관계수로가 제대로 개발되지 않아 물을 운반하는데 어려움을 겪는 경우가 많다. 그래서 많은 사람들이 물통을 머리에 이고 먼 길을 다녀야 했다. 이를 해결하기 위해 물통을 굴리며 운반할 수 있는 기구를 개발하였는데 이것이 바로 히포롤러이다. 이와 같이 소외된 계층을 위한 조그만 디자인이 그들의 생활을 훨씬 편리하게 만들 수 있다. 이러한 지원의 예는 대학생들이 자기의 전공을 충분히 활용하여 많은 돈을 들이지 않고도 소외된 계층에게 필요한 것을 도와주는 매우 효과적인 방법이다.

---

[4] 서울대학교 의과대학 김전 교수가 '서울대 나눔모임'에서 발표한 내용을 인용한 것임.

〈그림 3-3〉 히포롤러

넷째, 경영 마인드

무조건 많이 나누어 주면 좋은 것일까? 경영학적 관점에서 보면 그렇지 않다. 기회비용이란 개념이 있기 때문이다. 대학은 나눔 활동을 위한 예산을 학교 시설의 개선이나 학생들의 장학금 지원 등을 통하여 더 좋은 결과를 얻을 수도 있다. 대학은 이러한 기회비용을 가지고 나눔을 실천하는 것이다. 따라서, 대학 또는 사회의 부를 극대화하기 위해서는 경영전략이 필요하다. 효율성을 제고해야 하고 이를 위한 올바른 평가가 있어야 한다. 일반적으로 사회봉사의 결과에 대한 평가가 잘 이뤄지지 않고 있다. 남을 도와준다는 명분하에 비효율적인 부분을 자세히 살펴보지 않기 때문이다. 사회 전체의 이익을 위해서는 나눔에 있어서도 효율적인 경영전략이 필요하다.

대학의 사회적 책임활동의 효과성을 높이려면, 〈그림

3-4〉의 분석모델에서 볼 수 있듯이 네 가지 요소가 모두 갖추어 져야 한다. 위의 네 가지 요소는 서로 분리되어 있는 것이 아니라 서로 밀접히 연결되어 있고 그 어느 한 측면이 부족해도 전반적으로 효과성이 떨어질 수 있다. 우리는 이 모델을 '나눔의 분석모델'이라고 칭하고, 이를 여러 봉사활동에 대입해보고 각 활동의 장단점을 분석해 보도록 하겠다.

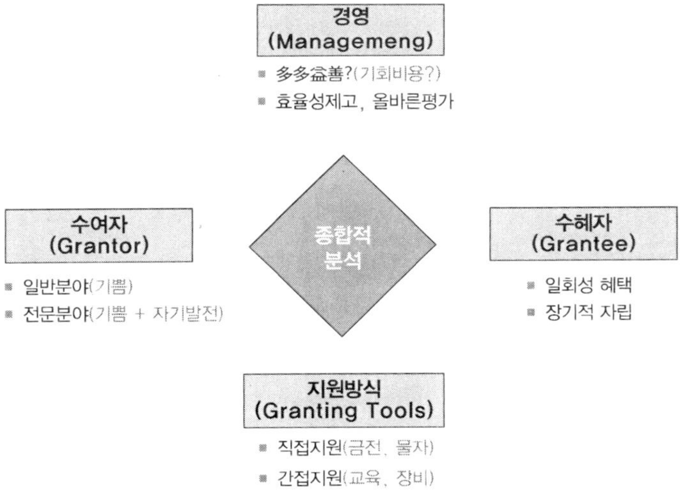

〈그림 3-4〉 나눔의 분석모델

2부

대학의 사회적 책임(실천편)

한국에서 대학의 사회봉사활동은 사회복지시설과 농촌 등에서 하는 경우가 많아 학생들의 전공분야와 무관하게 육체로 봉사하는 경우가 흔하다. 이 책에서는 이러한 봉사활동보다는 자신의 재능과 전문성을 발전시킬 수 있는 봉사활동을 중점으로 다룰 것이며, 또한 단순히 봉사활동 자체만을 소개하는 것이 아니라, 제1부에서 제시한 효율적인 나눔을 위한 분석의 틀을 적용하여 대학의 사회적 책임활동에 대해 보다 깊이 있게 분석하고자 한다.

4

서울대학교 사회적 책임의 주요 사례

1. 희망을 나누는 치유의 천사: 라파엘클리닉[1]

〈그림 4-1〉 라파엘클리닉 로고[2]

라파엘클리닉은 대학의 사회적 책임이라는 시대적 요구에 부응하여 실천하는 대학 및 비영리단체에게 모범이 될만한 좋은 예가 될 수 있다. 이 단원에서는 라파엘클리닉 설립의 동기, 현황 그리고 주요 활동을 소개할

---

1 이 사례는 2010년 2학기 '기업과 사회적 책임'수업의 제6강 김전 교수의 특강자료, 수업에 참여한 학생보고서 그리고 라파엘클리닉 홈페이지를 참고하여 재정리하고 발전시킨 것임.

2 의료를 상징하는 청진기에 라파엘 천사의 날개를 단 의미임. 청진기의 머리부분은 하트로 마무리하여 따뜻하고 부드러운 느낌을 주고, 나뭇잎 형태의 깃은 종교적인 구원을 상징함.

것이다. 그 중에서 라파엘 인터내셔널의 몽골 항올 지역의 지원활동을 중점적으로 소개하고 이를 나눔의 분석모델에 적용하여 살펴볼 것이다. 그리고 한국 보건분야 해외 원조사업의 문제점과의 비교를 통해 라파엘클리닉의 우수한 면을 설명하겠다.

라파엘클리닉의 설립 동기 및 현황

'라파엘'은 히브리 말로 '하나님이 낫게 하였다'라는 뜻이다. 라파엘클리닉의 봉사활동은 1958년, 한국전쟁의 상처에 신음하던 도시 빈민들을 위해 서울대학교 의과대학 가톨릭학생회가 마련한 무료진료소에서 처음 시작되었다. 그러나 한국의 의료보험이 점차 확대됨에 따라 빈민진료의 의미가 점차 퇴색되어 가던 중, 서울의대 가톨릭 교수회는 천주교 인권위원회로부터 이주노동자들의 참담한 의료실태에 대해 전해 듣게 되었다. 이들은 의료보험 혜택을 제대로 받지 못해 비싼 의료비 부담 때문에 치료를 받거나 병원을 방문하는 것을 꺼려했다. 특히 불법입국자로 전락한 노동자들은 신고 당할 까봐 병원에 갈수도 없게 되는 경우가 많았다.

이러한 이유로 의료 혜택을 제공하고자 라파엘클리닉은 이주노동자를 위한 진료를 계획하고 있던 대한적십자사 서울지사와 공동으로 1997년 4월 첫 진료를 시작하였다. 이후 무료진료에서 시작해 구호활동과 인권 상담, 쉼터 알선까지 도움의 손길을 제공한 라파엘클리닉은 짧은 기간에 이주노동자들의 안식처로 자리를 잡게 되었으며, 2007년에는 라파엘 인터내셔널을 설립하여 국경을 넘어 해외 의료지원 활동까지 수행하기 시작하였다.

현재 본원인 혜화 클리닉과 지점인 동두천 클리닉의 두 진료소를 운영하고 있으며, 매주 일요일에 진료를 실시하여 매월 약 1,000명의 환자를 진료하고 있다. 라파엘클리닉은 진단의 정확성을 높이기 위해 전문의만 진료하게 하고, 진료과목도 다양하게 마련했다. 혜화 클리닉은 큰 진료와 작은 진료를 격주로 운영하고 있다. 큰 진료에는 내과, 외과, 치과를 포함한 총 20개 과가 있고, 작은 진료에는 내과, 외과, 치과를 포함한 총 10개 과가 있다. 그리고 동두천 클리닉은 주로 내과, 물리치료, 진단검사, 약제부 등을 운영하고 있다.

연도별 방문 환자수를 살펴보면, 1997년에는 3,000여 명에서 2006년의 14,000 여 명까지 급속히 증가하여 최고치를 달한 후 환자수가 잠깐 줄어들었지만, 2008년 이후 다시 상승세를 보여 2012년에는 2006년의 수준을 넘어 16,000명까지 이르렀다(〈그림 4-2〉 참고). 국적별 통계를 보면, 약 30개 국가의 이주민을 대상으로 진료해왔다. 2012년을 기준으로 살펴보면, 중국인이 약 31%로서 가장 많이 차지하였고, 이어 필리핀인이 약 27%를 차지하였으며, 그 다음에는 몽골(8%), 방글라데시(7%) 그리고 나이지리아(6%)가 차지하였다(〈그림 4-3〉 참고).

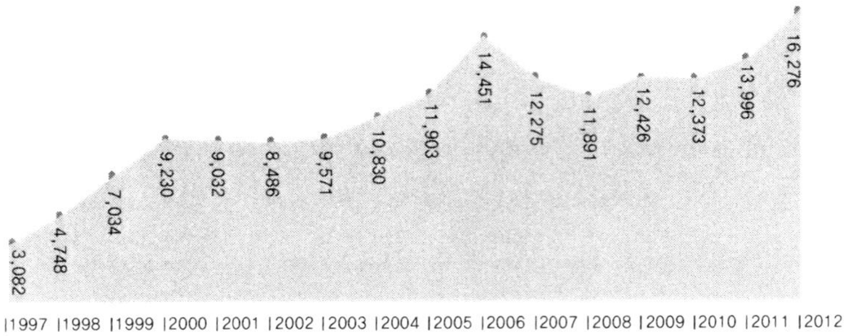

〈그림 4-2〉 연도별 라파엘클리닉 방문 환자 통계(1997.4-2012.12)
출처: 라파엘클리닉, http://www.raphael.or.kr/consultation/statistics

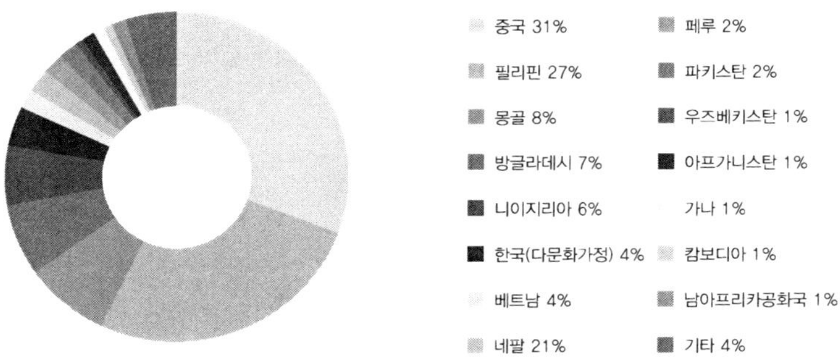

〈그림 4-3〉 라파엘클리닉 방문환자의 국적별 분포(2012년)
출처: 라파엘클리닉, http://www.raphael.or.kr/consultation/statistics

라파엘클리닉의 주요 활동 및 특징

창립 10주년을 맞이한 2007년, 라파엘클리닉은 새로운 10년을 위한 비전 GRACE를 수립하였다. 즉, 사랑과 나눔의 정신을 바탕으로 경제적, 사회적 그리고 기타 이유로 제도권의 의료혜택을 받지 못한 국내외 소외계층의 행복과 건강한 삶을 위한 의료지원 사업을 목적으로 두고 있다. GRACE는 해외의료지원 사업인 Globalization, 클리닉을 이끌어갈 차세대 양성을 위한 Reproduction, 사랑과 나눔의 정신으로 타 기관과의 연계를 도모하는 Agape, 화합과 일치, 친목을 도모하여 열린 의료단체로의 성장을 위한 Community 그리고 진료환경 개선을 위한 Environment for Patients로 이루어졌다. 각 사업의 주요 활동은 다음과 같다.

1) Globalization

현지 의료진을 초청하여 의료기술을 전수해 주는 초청연수, 질병에 노출하기 쉬운 소아와 청년들을 위한 보건위생교육, 의료소외계층들을 위한 정기적인 무료진료, 현지 의료진과의 협진 및 세미나, 의료인력 양성을 위한 의대생 장학사업 등의 지원활동을 통해 현지 의료자립화를 추진한다.

2) Reproduction

신규봉사자를 대상으로 봉사에 대한 정확한 인식과 동기부여에 대한 교육, 학생봉사자를 대상으로 환자에 대한 원활한 진료를 위한 교육, 효율적인 봉사자 관리를 위한 시스템을 마련하여 외국인노동자 밀집지역에서 지부 진료소 운영 등을 통해 봉사자의 질을 높이고 사회활동 효율성을 높이고 있다. 과거에는 전공의만 봉사에 참여했지만, 지금은 직접적인 진료와 관계가 없는 부분에 일반인들도 많이 참여하여 도움을 주고 있다.

3) Agape

진료소의 시스템으로는 한계가 있는 환자들을 도와주는 2차 협력병원과 필요한 의약품목들을 제공할 수 있는 후원단체를 연결하고, 다문화가정에게 건강 검진을 지원하고, 진료소에 찾아오는 환자에게 생활 물품을 나누어 주는 구호사업 등을 펼치고 있다. 예를 들면, 가톨릭노동사목 위원회에서는 해외노동자에게 고용, 임금 등과 관련해 겪고 있는 문제들에 대해 무료상담을 해주고 있다.

4) Community

봉사자들간의 화목을 증진시키는 모임이나 공식행사, 라파엘클리닉을 홍보하는 홍보 및 나눔 행사, 봉사자들 간의 정보와 소통을 위한 온라인 커뮤니티 운영 등 다양한 프로그램을 통해 화목한 의료봉사단체로 만들고자 노력하고 있다.

5) Environment for Patients

의료장비 개선, 진료시스템 보완, 진료공간확보와 쾌적한 공간 조성 등을 통해 진료소의 환경을 개선하고자 노력하고 있다.

앞에서 제시되었던 나눔의 분석모델로 살펴보면, 라파엘클리닉의 주요활동들이 나눔의 분석모델의 네 가지 요소에 모두 잘 부합하고 있음을 알 수 있다. Reproduction의 봉사자 교육, 의료봉사자팀 지원, 효율적인 봉사자 관리 등은 봉사자의 질과 효율성을 높이는데 도움을 주고 있다. 수혜자에게 무료진료 등 일회성 혜택도 많이 제공하지만, 이와 동시에 개발도상국 의료상황의 근본적인 문제를 개선하기 위한 장기적 자립을 위한 차원에서의 의료진 초청연수, 보건위생 교육, 의대생 장학사업 등의 지원도 하고 있다.

〈Box 4-1〉 라파엘클리닉을 견학하고 돌아온 한 서울대학교 학생의 소감[3]

라파엘 클리닉의 소장을 맡고 계신 서울대학교 의과대학 김전 교수님은 라파엘 활동의 주역으로서 이번 방문 때 혜화동의 라파엘 클리닉을 소개, 안내해주셨고 평소 공부하던 나눔의 이론에 비추어 라파엘 클리닉의 나눔 케이스들을 분석하여 볼 수 있다는 점에서 크게 의의가 있었다. 또한 사회적 약자들을 돕는 봉사자들을 보며 개인적으로도 느낀 점이 많았다.

서울대학교 연건캠퍼스에서 처음 만나 뵙게 된 김전 교수님은 역시 예상했던 바와 같이 따뜻한 인상을 지닌 분이셨다. 강의실에서 라파엘 클리닉에 대한 소개를 해주실 때는 사회적 약자들에 대한 근심과 이들에 대해 당신이 지니고 있는 의무감이 느껴졌다. 그리고 이어서 방문한 동성고등학교에 위치한 라파엘 클리닉의 진료소 또한 인상적이었다. 수많은 외국인들이 줄을 서서 자신의 차례를 기다리고 있었고, 그에 따라 많은 사람들이 분주히 움직이고 있었다. 현직 의사, 교수 등으로 구성된 실질적인 의료진들은 복도 벽을 따라 책상을 붙이고 순번이 되어 찾아온 환자들을 진료해주고 있었고, 학생으로 구성된 봉사자들은 진료기록파일 등을 옮기며 각자 열심히 제 역할을 하고 있었지만, 이에 반해 좁은 환경과 너무나 열악해 보이는 시설 등은 가슴을 아프게 만들었다. 그러한 환경에서도 묵묵히 어려운 사람들을 돕는 라파엘 클리닉의 사람들을 보며 부족하게나마 우리 사회에서 이러한 역할을 하는 사람들이 있다는 것이 다행이라는 생각도 들었다.

지원방식에는 물품(식품 및 의류), 물자지원 등 구호사업과 같은 직접적인 지원도 하고 있지만 교육, 장비를 통한 간접적인 지원도 많이 하고 있다. 또한 진료소의 장비로는 치료에 한계가 있는 경우를 위해 2차 병원과의 협약과 진료에 절대적으로 필요한 의료품목들을 제대로 공급하기 위한 후원단체와의 연계도 도모하고 있다. 이러한 후원자를 모집하기 위해 나눔행사를 통해 적극적으로 홍보를 하고 있다. 더불어 전반적인 의료시스템의 효율성을 높이기 위해 후원 받은 물품

[3] 이는 2010년 2학기 '기업과 사회적 책임'수업에서 필드워크의 일부분으로 라파엘 클리닉 방문 후 적은 한 학생의 소감문임.

으로 의료장비를 개선하고, 진료시스템을 향상시키는 노력도 하고 있다.

이와 같이 라파엘클리닉은 단순히 이주민을 위한 진료를 제공하는 것이 아니라 봉사에 참여한 학생들을 위한 다양한 교육과 연수 프로그램도 구축함으로써, 이들이 의료봉사를 통해 책임감과 사명감을 가진 미래의 든든한 기둥으로 성장할 수 있도록 적극적인 역할을 한다. 라파엘클리닉 봉사 활동은 수여자, 수혜자가 모두 윈 · 윈할 수 있을 뿐만 아니라, 이러한 활동들이 사회 전체적으로 긍정적인 영향을 주고 있다. 대외적으로는 라파엘클리닉 후원의 밤, 송년의 밤, 라파엘클리닉 창립행사 등을 정기적으로 개최하고, 대내적으로는 봉사자들 간의 친목모임을 활발하게 조직하여, 사회 전체적으로 사랑과 나눔의 활동을 수행하는 데에 긍정적인 영향을 주고 있다. 이 모든 것들은 라파엘클리닉을 든든하게 지원해주는 기타 관련자들의 적극적인 지원이 있어 가능하고, 이들과 더불어 더 큰 시너지 효과를 얻을 수 있게 되었다.

라파엘 인터내셔널의 몽골 항올에 대한 지원

1) 라파엘 인터내셔널

라파엘은 '라파엘 인터내셔널'을 설립하여 진료활동을 해외로 넓혔다. 구체적인 해외활동 사례로서 2007년부터 현재까지 진행해온 라파엘 인터내셔널의 대표적인 나눔 활동 중 하나인 몽골 항올 지역에 대한 의료지원 활동을 소개하고, 이를 나눔의 분석모델에 적용하여 살펴보고자 한다.

2) 몽골 항올 지역에 대한 지원 활동

몽골 항올 지역은 울란바토르 주변의 빈민촌으로 유목민들이 도시 주변으로 몰려들어 생긴 마을이다. 이곳의 주민들은 불법이주민이기 때문에 의료보험 혜택을 받을 수도 없고, 생활수준도 열악하여 제대로 된 의료 서비스를 기대할 수 없는 상황이었다. 이에 라파엘 팀은 답사 단계에서 먼저 위생상태 기초조사를 통해 질병의 빈도 및 유형을 파악하였고, 이후 핵심사업 선정과 지원방안을 모색하였다. 특히, 장기간의 지역 만성질환자군에 대해서 추적 및 방문 조사를 실시한 결과, 노년층은 물론 30, 40대 젊은 층까지 만성질환이 심각한 것으로 나타났다. 이에 라파엘 팀은 의료원조의 일환으로 항올 빈민지역의 만성질환 관리개선과 어린이 구강건강사업을 전개하게 되었는데, 특히 몽골 현지 의료진의 요청에 따라 고혈압 당뇨신부전 등 만성질환 치료예방에 역점을 두었다.

의료캠프 단계에서 일회성 대량진료, 소수 초청진료 등이 이루어졌으며, 핵심 질환 선정 및 이와 관련된 대책수립이 이루어졌다. 라파엘 팀은 그 다음 단계에서 충치 예방 사업, 어린이 구충 사업, 혈압 조절 캠페인과 같은 활동을 통해 직접적인 환자 치료에서 간접적인 지원으로 활동영역을 넓혔다. 이후 현지 수술교육과 연수교육, 협진 체제 및 진료 자문과 같은 더 높은 차원의 지원단계로 영역을 넓혔으며, 지금은 의료기기 지원과 의료교육센터 확보에 힘쓰고 있다(〈그림 4-4〉 참고).

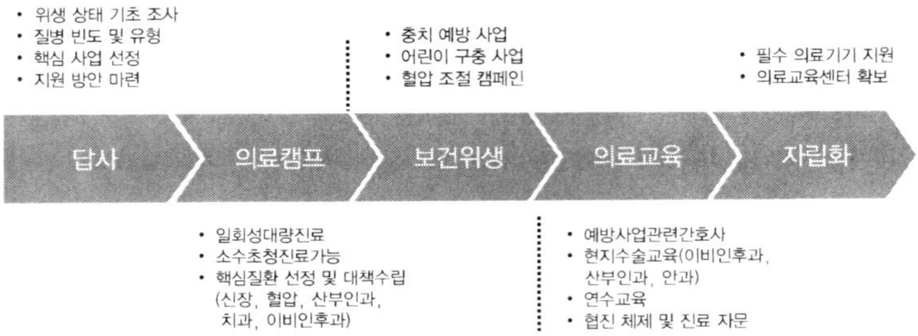

〈그림 4-4〉 라파엘 인터내셔널 몽골 항올 지역 의료지원 진행 도식도

주: 본 그림은 2010년 2학기 '기업과 사회적 책임'수업의 제6강 김전 교수의 특강자료를 활용한 것임.

2011년에는 KOICA의 지원을 받아 항올 지역 외래병원에 구급차량과 휠체어 등을 지원하였다. 또한 서울대학교와 타 대학 교수들을 초청하여 몽골 국립모자병원, 구립병원 의료진 등을 대상으로 교육세미나를 실시하기도 하였다.

나눔의 분석모델을 통한 평가

라파엘 팀의 활동을 나눔의 분석모델의 네 가지 요소(수여자, 수혜자, 지원방식, 경영 마인드)로 나누어 분석해 보면 다음과 같다.

수여자: 봉사 활동을 하는 주체는 서울대학교 의과대학 교수들을 주축으로 이루어진 의료진들로서 이미 각 분야에서 최고의 전문가로 인정 받은 분들이다. 이들은 직접 몽골에 가서 진료를 하며 남을 도와 준다는 점에서 큰 기쁨을 얻었을 뿐 아니라 본인의 전공분야에 대한 지식과 경험을 넓혀 자기발전을 하는데도 도움을 받았을 것이다.

수혜자: 봉사 활동의 수혜자는 몽골 항올 지역 주민들과 몽골 현지 의료진이다. 지역주민들은 진료를 받을 뿐만이 아니라, 충치 예방 사업, 구충 사업 등 캠페인을 통해 지속적인 혜택을 받게 되었다. 특히 라파엘은 답사를 통해 현지 수요를 파악할 때, 응급질환 치료와 만성질환 치료를 파악한 후, 만성질환 치료예방에 중점을 두어 항올 지역을 지원했다. 한편, 이러한 활동으로 인해 현지 의료진들은 협진 체제, 연수 등의 전공분야에 발전을 이루어 그 지역의 의료 수준을 높여 의료자립을 위한 밑거름이 되었다.

지원 방식: 라파엘의 활동에서 직접적인 지원으로는 의료캠프 진료, 일회성 단체 진료, 소수 초청진료 등이 있고 간접적인 지원으로는 충치 예방 사업, 어린이 구충 사업, 혈압 조절 캠페인, 현지 수술교육, 연수교육, 협진체제 및 진료자문, 의료기기 지원, 의료교육센터 확보 등이 있다. 이러한 간접적인 지원들은 궁극적으로 수혜자의 자립을 추진한다는 점에서 단순히 직접적인 도움을 주는 것에 비해 한 차원 높은 지원이라고 평가할 수 있다. 또한 KOICA등과 같은 관련 기관과의 협력을 통해 재정적 부담을 줄이고 지원의 규모를 확대하는 등의 적극적인 노력을 했다.

경영 마인드: 무조건 지원을 하는 것이 아니라, 현지 수요와 문제점을 정확히 파악하고 그에 맞는 의료지원을 함으로써 자원을 매우 효율적으로 활용할 수 있을 뿐만 아니라, 수여자의 만족감을 극대화하여 봉사활동의 효율성도 높일 수 있었

다. 그러나 라파엘클리닉의 지원활동에 대한 자체의 체계적이고 지속적인 평가가 부족하였다. 이는 항올 지역에 대한 지원사업과 같은 장기적인 사업에 있어서 문제점을 개선하고, 지속적인 발전을 위해 필요하다.

한국 보건분야 해외 원조사업과의 비교

이러한 라파엘클리닉의 활동이 타 단체의 의료지원 활동과 비교해 보았을 때 어떤 면이 강점이며 또한 앞으로 더 향상시켜야 할 점이 있는가에 대해서 살펴보겠다. 특히 다른 봉사단체와의 비교 평가를 위해 한국보건산업진흥원 보고서에 실린 일반적인 우리나라의 해외보건의료지원 사업의 문제점을 검토해 보겠다.

한국보건산업진흥원(2009) 보고서에 실린 '한국의 보건의료 분야 ODA사업 문제점'을 살펴보면 크게 세가지로 분류할 수 있다. 첫째, 수원국에 대한 정확한 수요평가가 미흡하다(문제 2, 3). 둘째, 사업수행과 사후 평가시스템 및 지속적 관리체계가 미비하다(문제 4, 5, 8). 셋째, 물자협력과 인력협력이 부족하여 유사한 사업을 반복적으로 시행한다(문제 1, 6, 7, 9, 10, 11)(〈표 4-1〉 참고).

〈표 4-1〉 한국 보건의료 분야 ODA사업 문제점

문제	내용
1. 국제교류 및 국제협력 사업과 의 모호성	국제교류, 국제협력 사업 간 구분이 제대로 되지 못하고 있음
2. 원조대상국 선정	외교활동을 지원하거나 국익을 추구하는 방편의 하나로 추진
3. 신규사업 발굴	수원국 정부 공무원으로부터 수원국이 원하는 사업 수요를 받지만 실제 현지 공무원의 보건의료 프로그램 기획 능력이 부족
4. 보건의료 사업 지침 마련	업무 단계별 표준화된 업무수행 지침 부재
5. 사업 수행 내용 및 범위	기자재 등 일회성 지원이 많고 물자를 관리하는데 있어서 장기간의 협력 및 교육 사업이 필요
6. 사업의 편중과 중복	정부 각 부처와 지자체가 독자적으로 무상원조 사업을 실시하고 있어 편중 또는 중복의 소지가 높음
7. 한국과의 이해관계에 편중된 사업	ODA사업의 목적을 충족하지 못한 사례가 많음
8. 사업 종료 후 사후 관리 부족	지속적인 모니터링과 지원이 부족
9. MDGs 달성 위한 효율적인 계획 및 수행 부족	기존 수행해 온 범위 내에서의 사업 형태와 내용을 반복하는 경향이 있음
10. 보건의료 분야 예산 부족	재원 마련에 있어 다양한 접근이 부족
11. 국내 NGO와의 연계 체계마련	ODA수행에 있어서 다양한 조직 및 기구와의 연계 부족

출처: 한국보건산업진흥원(2009)

앞서 살펴본 라파엘클리닉의 봉사활동은 일반 보건분야 해외지원사업의 대표적인 문제점을 극복하여 상당히 앞서가고 있다. 예를 들면, 답사를 통해 수원국에 대한 수요평가가 먼저 이루어졌고, 지속적인 혜택과 장기적 자립을 위한 원조 또한 잘 수행되었다고 평가할 수 있다. 그러나 성과 평가 등을 위한 통합된 정책 조정기관의 부재는 부족한 점이라고 볼 수 있다. 이는 앞서 나눔의 분석모델 적용 시에도 드러났던

문제점으로 앞으로 지속적인 발전을 위해 보완해야 될 부분이다.

이와 더불어, 한국 보건분야 해외원조사업의 분석과 비교해보면 이 책에서 제시한 나눔의 분석모델의 유용성을 알 수 있다. 즉, 위에서 지적한 문제점들이 나눔의 분석모델의 평가항목에 모두 포함되어 있다. 수혜국에 대한 수요분석 미흡은 수혜자측면에 해당되고, 사후 관리체계 및 지속적 관리체계 미비는 경영측면에 해당되고, 물자협력과 인력협력 부분의 미비는 지원방식측면에 해당된다.

2. 이웃을 위한 새로운 기술 창출: 국경없는 과학기술자회[4]

앞에서 소개한 라파엘클리닉은 대학교수와 학생들이 보건의료 분야에서 자신의 전문지식을 활용한 봉사활동이고, 이 단원에서는 과학기술 분야에서 대학 교수들이 자신의 연구와 연계되는 분야에 대한 자발적인 사회봉사활동을 소개하고자 한다. 구체적인 사례로 서울대학교 유영제 교수가 사회봉사의 철학을 가지게 된 배경과 이와 관련된 적정기술에 대해서 살펴볼 것이다. 이와 더불어 현재 필요한 적정 기술들과 실제 적정기술이 적용된 예를 설명하겠다.

---

[4] 이 사례는 2010년 2학기 '기업과 사회적 책임'수업의 제5강 유영제 교수의 특강자료, 수업에 참여한 학생보고서, 그리고 국경없는 과학기술자회 홈페이지를 참고하여 재정리하고 발전시킨 것임.

이웃을 위한 과학기술 연구회 설립의 배경

서울대학교 화학생물공학부 유영제 교수는 국경없는 과학기술자회(Scientists and Engineers Without Borders, SEWB)의 창립자로 1대 회장직을 맡았다. 일반적으로 공학분야의 학자들은 사회에 대한 관심보다는 이공계 연구 분야에 집중하는데 유영제 교수는 본인의 연구분야는 물론 과학자의 사회적 책임과 윤리의 관점에서 이웃을 위한 기술에 대해 관심을 갖고 이를 위한 다양한 활동들을 해왔다. 이러한 사회봉사를 하게 된 동기 등 배경설명은 어떻게 보면 사회봉사 자체에 대한 소개보다 더 의미가 있을 수 있다. 이미 사회봉사의 꿈 또는 의지를 가진 사람에게는 물론, 아직 사회봉사의 뜻을 가지지 않는 사람에게도 계몽의 역할을 함으로써 더 많은 사람들이 사회봉사에 참여할 수 있게 하기 때문이다.

대학시절

1) Creative Minority

'Creative Minority'는 대학교 1학년 때 유영제 교수가 배우고 지금까지 마음속에 간직하고 있는 단어이다. 유영제 교수가 대학시절 한 동아리에 가입 후 참석한 여름 MT에서 있었던 일이다. 지금과는 다르게 그 당시 MT에서는 매일 아침 주제 강연이 있었다. 그때 주제 중 하나가 바로 'creative minority'였다. 강연회의 주된 내용은 세상은 과학자만 혼자서 사는 세상이 아니라 부유한 사람과 가난한 사람 등 다양한 사람이 어울려 살며, 좀 더 나은 사회를 위해서 지성인들이 유익한 일을 해야 한다는 것이었다. 그냥 막연히 훌륭한 과학자가 되고 싶어 대학에 입학했던 유영제 학생은 여기서 깊은 생각에 잠겼다. 그때 강연 주제였던 'creative minority'라는 단어는 그에게 멋진 말로 와 닿았으며, 현재까지 삶의 초석이 되었다.

2) 야학에 빠져들다

의무교육과 경제발전으로 요즘에는 야학이라는 단어가 조금 생소할 수 있을 것이다. 그러나 유영제 교수가 대학을 다녔던 1970년대 대한민국은 아직 개발도상국 수준이어서 많은 사람들이 하루하루의 삶에 시달렸으며 상대적으로 배움에 대한 여유를 갖지 못했다. 더불어 1970년대는 산업화가 국가의 주요 정책이어서 교육에 대한 국가적 관심도 상대적으로 저조한 상태였다. 당시 서울 근교에는 공장들이 다수 자리잡고 있어서 많은 노동자들이 몰려 들었다. 열심히 일해도 가난을 벗어나기 힘든 것이 당시 실정이었다. 더군다나 자식들의 비싼 학비를 감당한다는 것은 그들에게 매우 힘든 일이었기 때문에 많은 젊은이들이 공부를 하기 보다는 공장에 취직해서 일하게 되었다. 사실 이는 국가 차원에서 해결해야 할 문제였지만 당시 한국 정부는 이를 해결할 여유가 없었다. 책임감을 느낀 유영제 학생은 친구들과 함께 아파트 지하층을 빌려서 야학을 열었다.

야학을 하던 중 유영제 학생과 친구들은 학교근처 사당동

사거리 빈민촌에서 일주일 동안 합숙을 하게 되었다. 빈민촌의 판자집에서 외풍으로 잠을 이루지 못하고 있었던 유영제 학생은 우연히 옆집에서 들려오는 엄마와 딸의 기도소리를 들었다. 강원도로 일을 나간 아버지의 안위를 걱정하는 아내와 딸의 기도였다. 그날 밤 유영제 학생은 '경제가 무엇일까?', '가난이 무엇일까?' 등 많은 생각을 했다. 그렇게 유영제 학생은 대학시절 동안 2년이 넘게, 그리고 취업 후에도 야학 활동을 지속적으로 했다.

회사근무 시절

1) 세상을 경험하다

야학 활동을 하면서 많은 생각에 잠겼던 유영제 학생은 꿈이던 과학자, 대학교수가 되려면 사회를 경험해야 한다는 생각으로 럭키화학(현 LG화학)에 입사하였다. 원래는 직접 현장경험을 해보고 싶었지만 석유파동으로 인하여 참여하기로 예정되었던 프로젝트가 백지화 되면서 기획실에서 근무하게 되었다. 기획실에서 근무하면서 럭키화학이라는 작은 회사(그 당시에는 작았다)가 세계의 유수 화학회사들과 같이 겨루는 LG화학이 되면 자신도 더불어 발전한다는 생각을 가지고 일했다. 따라서 새로운 성장동력인 신 사업에 포커스를 맞추는 브리핑을 많이 했다.

유영제는 4년간의 본사 근무 후 현장 경험이 정말 필요하다는 생각에 정밀화학 사업을 기획해서 생산과로 옮겼다. 당시 LG화학은 울산 옆 온산에 공장을 짓고 화학 약품을 생산

했다. 처음 공장을 지을 때만해도 온산 근처의 바닷가는 아름다웠다. 그러나 비철금속 단지가 들어서고 수많은 공장들이 방류하는 폐수로 인하여 회사를 퇴사할 쯤인 1981년경에는 근처 바다에서 잡은 물고기가 기형임을 알게 되면서 바닷가를 점차 멀리하게 되었다. 물론 당시에도 환경법이 있었으나 법과 제도가 아직 체계화되지 않았고 환경에 대한 인식이 제대로 자리를 잡지 않아 기업들이 법과 제도를 제대로 지키지 않았기 때문에 주변의 바닷가가 오염된 것이었다. 그 후 1986년 유영제는 서울대학교 교수로 부임했고 환경관련 연구를 계속 하였다.

대학 교수 연구 시절

1) 부익부 빈익빈의 가속화

부임한 후 유영제 교수는 강의와 연구라는 교수의 본분에 충실했다. 그러던 와중에 지인으로부터 '부익부 빈익빈'의 확산이 문제라는 얘기를 듣고 예전 자신의 경험(야학 등)을 떠올리며 다시 한 번 세상을 돌아보게 되었다. 그 후 지성인으로서 사회에 유익한 일이 있으면 작은 힘이나마 도움이 되고자 노력하였다.

2006년 유영제 교수는 공동연구 업무로 필리핀의 수도 마닐라를 방문한 적이 있었다. 공식적인 업무를 마치고 개인적으로 필리핀이 어떤 나라인가 보려고 마닐라의 외곽 시골지역을 둘러보았는데 그 지역의 사람들이 심각한 피부병으로 매우 고생을 하고 있다는 것을 알게 되었다. 피부병의 원인에 대해서 조사해 보니, 그 원인은 물이었다. 깨끗한 화장실이 없고, 가축 분뇨도 처리가 제대로 되지 않아 수질이 오염되었고, 이로 인하여 피부병이 생긴 것이었다. 따라서 피부병을 근본적으로 고치려면 약품보다는 수질을 개선하는 것이 더 중요하다는 것을 알았고, 이에 따라 적정 기술에 대해서 더 깊은 고민을 하게 되었다.

2) 국경없는 과학기술자회가 생기다

유영제 교수는 귀국 후에 주변의 많은 사람들과 자신이 경험한 이야기를 나누고 고민한 결과 '국경없는 과학기술 자회'를 2009년 12월에 설립하였다. 국경없는 과학기술자회는 전 세계 인구 중 빈곤에 처한 사람들에게 희망이 될 수 있는 적정기술의 개발 보급을 돕는 것을 목적으로 대학, 연구소, 기업과 사회단체 등에 종사하는 전문가들이 모여 설립한 비영리기구이다. 국경없는 과학기술자회의 주요 활동을 설명하기 전에 우선 적정기술의 개념, 역할 그리고 대표적인 사례를 통해 적정기술에 대한 이해를 돕고자 한다.

〈그림 4-5〉 국경없는 과학기술회 로고[5]

[5] 국경 없는 과학기술 연구회 로고는 작은 노력(점)이 모여 아름답고 완전한 지구(촌)가 된다는 것을 의미함.

이웃을 위한 기술: 적정기술(Appropriate Technology)

1) 적정기술이란?

적정기술은 말 그대로 필요한 경우에 적절하게 사용될 수 있는 기술을 말한다. 제3세계 국가들에게 첨단기술을 제공하더라도 그것을 사용할 수 있는 인프라가 충분히 형성되어 있지 않기 때문에 그들은 그 기술을 제대로 사용할 수 없는 경우가 많다. 예를 들어, 핸드폰 통신망이 잘 갖춰지지 않은 아프리카 나라의 주민들에게 최신 기술의 집약체인 LTE폰을 제공하더라도 그들은 이것들을 사용할 수 없다. 따라서 기술 수준이 낮더라도 그들에게 필요한 적정기술을 제공해야 한다.

적정기술이란 단어는 1960년대 독일 경제학자 Ernst Friedrich Schumacher의 '중간기술'에서 유래한 것이다. 중간기술은 한 지역에서 구할 수 있는 재료와 자본, 그리고 간단한 기술을 활용하여 그 지역 사람들의 소규모 생산활동을 지원하는 기술이다. 중간기술이 첨단기술보다 열등하다는 부정적인 느낌을 줄 수 있다는 이유로 그 후 '적정기술'이라는 용어로 바뀌어 널리 사용되고 있다(한국산업기술진흥원, 2013). 적정기술은 다음과 같은 특징들을 가진다. 1) 자원, 에너지 절약형의 친환경 기술, 2) 큰 자본의 투입이 필요 없는 간단한 기술, 3) 낙후 지역의 경제를 활성화 할 수 있는 기술, 4) 자립을 가능하게 하는 기술. 즉, 현지 사람들의 구매력과 생활환경에 맞아야 한다는 것이다. 적정기술을 활용하여 만들 제품의 부품이나 재료는 현지 어디에서나 쉽게 구할 수 있어야 하고, 또한 가격이 저렴하여 현지인들이 생산할 수 있도록 하여야 한다. 이는 만약 고장이 날 경우 현지에서 간편하게 수리할 수 있고, 더 나아가 일자리도 창출할 수 있는 경제적 효과도 함께 가져올 수 있기 때문이다.

2) 왜 적정기술인가?

한국의 국제구호개발 NGO인 굿네이버스(Good Neighbors)에서는 실제로 제3세계의 사람들에게 먹을 것을 갖다 주는 것 보다는 다른 방법으로 도움을 주는 것에 초점을 맞추고 있다. 먹을 것을 사서 그들을 도우면 그 효과는 한 순간뿐이며 그들은 다시 그러한 도움만을 무기력하게 기다리게 된다. 그러나 기술을 주면 사람들은 이를 활용하여 자립할 수 있으며 인식의 전환도 가져올 수 있다.

실제로 이러한 역할을 하는 단체들이 여러 개 있으며 UN에서도 국제연합 공업개발기구(United Nations Industrial Development Organization, UNIDO)라는 개발도상국을 도와주는 것에 대한 보증과 평가를 하는 기관을 만들어서 운영하고 있다. 21세기는 지구촌 시대이며 지식 기반 사회이다. 단순한 도움으로 그들의 삶을 바꾸기 보다는 기술전수를 통해 그들을 계몽하고, 그들로 하여금 배움의 중요성을 인식하고 스스로 자립할 수 있도록 만들어야 한다. 이러한 기술이 바로 적정 기술이다.

3) 적정 기술을 적용한 실제 사례

실제로 다수의 해외 기관에서는 이러한 적정 기술을 통하여 상대적으로 낙후된 제3세계 국가들을 돕고 있다. 적정기술을 접하지 않는 사람들은 이를 대단한 첨단기술로 받아 들일 수 있지만, 실제로 적정기술의 대부분은 간단한 과학원리를 활용하여 만든 것이다. 그 몇 가지 예를 살펴보자(〈그림 4-6〉 참고).

(1) 셰플러 조리기: 독일의 과학자 셰플러가 태양열을 이용하여 조리를 할 수 있게 만든 기구이다. 처음에는 금속을 많이 사용하여 제작했기 때문에 가격이 비쌌지만 나중에는 알루미늄 호일과 나무 자재, 유리 만으로도 비슷한 효과를 내는 조리기를 만들어 공급하였다. 이 조리기로 인해 인도에서 약210만명의 사람들이 더 이상 땔감을 구하러 다니지 않고 연기로 고생하지 않으면서 조리를 할 수 있게 되었다.

(2) 개인용 정수기: 스위스의 프란드센(Frandsen)사가 개발한 것으로서, 10인치 길이의 플라스틱 튜브 속에 설치된 필터와 화학물질을 이용하여 물을 정화하는 장치이다. 제조원가는 3달러에 불과하지만, 하루에 2리터의 물을 정화할 수 있고, 세균의 99.9%를 잡아낼 수 있어 오염된 물을 사용하여 발생하는 질병들을 방지할 수 있다.

(3) 바이슬아바도라: 스페인어로 자전거와 세탁기의 합성어로서 드럼통 세탁기를 의미한다. MIT 공대학생들이 개발한 페달로 돌리는 세탁기이다. 기름통을 알맞은 크기로 잘라낸 다음 내부에는 물과 빨래를 회전하는 드럼을 만들어 넣고, 동력은 자전거 자체와 드럼통을 체인으로 연결해 페달을 돌리는 방식이다. 이 세탁

기는 제작 가격이 저렴하고, 전기가 없는 지역주민들에게 매우 유용하다.

(4) 항아리 냉장고: 음식을 보관하는 냉장고 기능을 가진 항아리를 의미한다. 항아리 냉장고는 두 개의 도기로 구성되어 있는데 큰 도기 속에 작은 도기가 들어있고, 모래와 물로 빈 공간을 채운다. 물이 증발하면서 작은 도기 안에 있는 열을 빼앗으므로 야채나 과일을 오랫동안 신선하게 보관할 수 있다. 토마토를 공기 중에 그냥 보관했을 때는 2~3일이면 상하지만, 항아리 냉장고를 사용하면 21일 동안이나 보관할 수 있다.

셰플러 조리기

바이슬아바도라

휴대용 정수기

항아리 냉장고

〈그림 4-6〉 적정기술의 예

국경없는 과학기술자회의 주요활동

국경없는 과학기술자회는 현재의 많은 NGO처럼 단순 봉사활동을 하는 것 보다는 봉사자들이 가진 지식과 기술을 이용하여 1) 필요한 과학기술 정보의 수집 및 배포, 네트워크 형성, 2) 필요한 기술 연구 개발, 3) 필요한 지역 방문 및 봉사 등 세 가지 활동을 하고 있다. 국경없는 과학기술자회는 개발도상국에 적정기술을 개발하고 보급할 뿐만 아니라, 현지인들이 적정기술을 지속적으로 활용, 유지, 보수하기 위한 관련 교육을 진행하며, 또한 현지의 대학, 연구기관, NGO등과의 협력을 통해 적정기술에 대한 국제교류도 진행하고 있다. 구체적으로는 연구개발, 학술행사, 해외봉사, 국제교류 등의 활동을 펼치고 있다.

1) 연구개발

낙후된 지역의 사람들은 첨단 기술을 필요로 하지 않는다. 그들이 필요로 하는 적정 기술은 거의 대부분 그들 삶의 인프라와 관련되어 있다. 구체적으로 물을 쉽게 얻는 방법, 물을 깨끗이 정수하고 보관하는 방법, 간단하고 친환경적인 화장실, 가축 등의 분뇨를 활용하는 방법, 황폐된 토양의 유기질을 회복하는 방법, 쓰레기 처리 방법 등 관련 분야를 선정하여 이와 관련된 적정 기술을 집중적으로 개발하는 것이 중요하다. 현재까지 개발한 주요 적정기술은 솔라셀(solar battery, 태양전지)을 이용한 물 살균장치, 따뜻한 융합기술 과제 수행, 비소제거기술 연구, 개발도상국에 유용한 휴대용 정수기, 태양광 패널 결합 정수기 등을 들 수 있다.

2) 학술행사

적정기술은 다양한 계층의 참여를 필요로 하는데, 과학기술 전문인뿐만 아니라 일반인들의 적극적인 참여도 필요로 한다. 적정기술에 대한 인식을 높이고, 국내외 적정기술 보급 사례를 공유하며, 효율적이고 적합한 적정기술의 개발 및 보급 방법에 대해 논의하기 위해 워크숍, 세미나, 국내/국제 포럼을 개최하고 적정기술에 관한 일반서적, 기술서적, 연구조사 보고서를 출판하는 등 각종 학술행사를 진행하고 있다.

3) 해외봉사의 두 가지 대표사례

첫째, 베트남 쿠케마을 빗물 수집장치 설치

기후변화로 자연재난에 노출이 심한 아시아 지역은 물의 부족보다는 풍부한 물의 효율적인 이용에 관한 문제와 하천수의 오염, 지하수 비소오염 문제가 심각하다. 2005년부터 시작된 아시아 빗물봉사 프로젝트는 6년 동안의 활동을 통하여, 기술보급뿐만 아닌 공공예술 프로젝트를 통한 마을미화 작업도 병행하고 있다. 또한, 공학도 및 전문인과 더불어 인문학도, 미술학도, 경영학도 등을 복합적으로 선발하여 지역개발에 기여하고 있다.

둘째, 네팔 라마다 호텔지역 태양광 발전설비 프로젝트

네팔의 고산지역은 발전소도 전봇대도 설치할 수 없는 열악한 환경에 있다. 고산지역에 에너지를 공급하기 위해 서울대학교 기계항공공학부 안성훈 교수팀이 네팔 라마도 호텔지역(고도 2,500m)에 태양광 발전시설을 설치하였다. 고산지역의 특성상 장비의 운송에 많은 인력이 소요되어 작은 프로젝트임에도 불구하고 결코 쉽지 않은 작업을 매년 진행하고 있으며, 이와 더불어 태양광의 최대효율을 위해 고산지역의 지형특성을 고려한 특성 별 패널 각도 등에 대한 연구와 현지인들이 직접 유지보수를 할 수 있도록 하기 위한 교육을 진행하고 있다. 또한 고산지역의 주택에너지 효율을 위해 단열제 연구와 보급이 필요하다는 현장에서 전해지는 피드백들을 적정기술에 활용한 융합주거모델창출 등은 초기프로젝트 계획보다 더 다양한 아이디어를 제공하고 있다.

4) 국제교류

개발도상국에 필요한 과학기술을 지원하는데 있어서의 효율성을 높이기 위해 각국의 대학, 연구기관, 시민단체, 기업과의 파트너십, 네트워크를 확장하여 현지의 기술자립 지원활동을 하고 있다.

나눔의 분석모델을 통한 평가

저개발도상국의 빈곤 요인에는 여러 가지가 있다. 따라서 이를 해결하는 데에는 어느 한 분야의 지식 또는 기술보다는 이 모두를 연결시킬 수 있는 종합적이고 체계적인 지원 프로그램이 필요하다. 대학은 다양한 분야의 학문지식을 가르치고 연구하는 기관으로서 이들을 연결시켜 빈곤 문제를 해결해 나가는데 있어 기업이나 정부보다 비교우위가 있다. 앞에서 소개한 라파엘클리닉의 사례가 저개발지역의 보건 · 의료

측면에서 중점적으로 다룬 대학 사회적 책임의 사례라면, 이 단원의 국경없는 과학기술자회는 과학기술연구를 활용한 사례를 보여주고 있다.

수여자: 국경없는 과학기술자회는 소외된 저개발국을 위한 기술개발을 위하여 사회봉사를 하고자 하는 공동의 뜻을 품은 100여 명의 과학기술자들로 구성된 조직으로서 사회봉사활동의 전문성을 잘 갖추고 있다. 뿐만 아니라 사회봉사가 결과적으로 학생들의 발전에도 도움이 될 수 있도록 하는 노력도 하고 있다. 예를 들면, 학생들이 저개발국을 위한 기술연구개발에 직접 참여할 수 있도록 장려하고, 또한 이들이 스스로 프로젝트를 기획하고 추진함으로써, 창의력을 향상하는데도 도움을 준다. 더불어, 학생들로 하여금 실제수요를 파악하고 기술연구개발을 함으로써 실제와 이론을 결합하는 능력을 향상시키는 역할을 맡고 있다.

수혜자: 국경없는 과학기술자회의 봉사활동은 저개발국 사람들이 스스로 자립할 수 있는 기반을 제공하는 적정기술을 연구하여 전수함으로써 일회성의 지원보다는 자립을 도모하는 차원의 지원이라고 볼 수 있다. 또한 국경없는 과학기술자회는 모든 적정기술보다는 몇 가지 분야를 선정하여 중점적으로 지원함으로써, 자원의 효율적 분배를 도모하고 있다. 특히 해외봉사를 하는데 있어서 현지에서 필요한 기술을 파악하고 지원함으로써 단편적인 지원보다는 특성화를 강조하여 수혜자의 이익을 극대화 하였다.

지원방식: 주로 금전이나 물자와 같은 직접지원보다는 간접지원이 위주였다. 예를 들면, 기술교육과 지도를 통해 현지 적정기술의 보급을 확대하였다. 컴퓨터와 같은 장비도 지원하지만 주로 후원을 받아서 지원한다. 또한 공학전문가뿐만 아니라 인문학, 사회학, 디자인 등 다양한 분야의 전문가와 협력하여 마을미화 작업과 같이 기술지원의 폭을 넓혔으며, 이와 더불어 국내외 대학, 연구기관과도 적극적으로 협력하였다.

경영마인드: 해외봉사를 하는데 적극적으로 현지 피드백을 활용하여 아이디어를 얻어내거나 실제 프로젝트 진행과정에서 벌어지는 실패사항을 개선하는 방안을 찾아내는 능력은 아직 부족하다. 사회봉사활동 초기에는 여러 곳을 차례대로 지원하다 보니, 한 곳에 오래 머무는 경우가 드물었다. 따라서 현지 주민들과의 교류가 많지 않아 지원의 지속성에서 문제가 있었다. 또한 사회봉사활동 자체에 대한 성과를 평가하는 체계가 미약해서 봉사활동의 문제점을 파악하고 향상 시켜야 할 부분을 점검하는데 있어 활용할 수 있는 근거자료가 부족하다. 따라서, 봉사활동의 취지는 장기적 자립 및 지속적 지원이지만, 이를 뒷받침 할 평가시스템이 제대로 갖추어 있지 않아, 동일한 문제가 계속 반복되거나 현실에서 제대로 적용이 안 되는 문제점이 있다.

3. 나눔을 선도하는 교육가들: 국경없는 교육가회[6]

국경없는 교육가회는 빈곤퇴치를 위한 통합적 모형인 '가파'를 통해 부르키나파소에서 노력하고 있다. 이 단원에서는 교육과 연계된 사회봉사에 초점을 둔 '국경없는 교육가회'의 주요활동에 대해 살펴보겠다. 이 단원에서는 역시 제3세계 국가 원조와 관련된 내용이지만 앞에 있는 내용보다 좀 더 근본적이고 기초적인 교육측면에서의 원조를 소개하고자 한다. 근본적이고 기초적이라고 하는 것은 아무리 개발도상국에게 의료보건 측면에서 지원을 하고, 기술을 전수하더라도 근본적으로 그들의 교육수준이 낮으면 이러한 것들을 원활하게 받아들이는 능력이 부족하기에 장기적으로 볼 때 이들이 자립하는데 있어 한계를 가지기 때문이다.

한국의 괄목한 경제성장

한국은 천연자원이 별로 없는 나라이지만 현재 경제적으로 크게 성공하였다. 수출량, 광대역 통신 보급, PC 보급률 등에서 모두 세계 상위권을 차지하였고, 1인당 국민소득은 2만 불을 넘었다. 한국의 발전은 대단했다. 35년간 식민 지배를 당했고 광복 이후 3년간 전쟁도 치렀지만, 이후 약 60여 년 동안 대단한 노력을 통해 이러한 업적을 이룬 것이었다. 아무 것

6 이 사례는 2010년 2학기 '기업과 사회적 책임'수업의 제7강 김기석 교수의 특강자료, 수업에 참여한 학생보고서, 그리고 국경없는 교육가회 홈페이지를 참고하여 재정리하고 발전시킨 것임.

도 가진 것이 없었던 한국에게 과연 이런 발전의 동력은 어디서 온 것일까? 한국은 2010년 Newsweek에서 발표한 World's Best Country에서 15위로 뽑혔고, 여러 분야 중 특히 교육은 2위로 가장 높은 순위를 차지하였다(이데일리, 2010/8/17). 이러한 높은 교육수준은 한국의 경제발전에 중요한 역할을 하였다.

한국경제의 성장원동력: 교육

세계 2차대전 종결과 함께 대한민국은 광복을 맞이했다. 한 미군 장교는 당시 한국의 상황을 "한국에서 수준 있는 사람을 생각하는 것은 생각하지도 못한다. 미군이 빠져나가면 수백만이 굶어 죽을 것이다"라고 판단했다. 이처럼 당시 한국은 보잘것없는 나라였다. 당시 35년간 일제 핍박을 받은 후 광복을 했지만 이념의 갈등으로 정부도 제대로 수립되지 않은 상태였다.

광복의 기쁨을 제대로 맛보기 전인 1950년에 한국전쟁이 발발했다. 국토는 황폐해지고 수많은 피난민이 발생했다. 하지만 절박한 상황에서도 한번도 아름다운 삶, 풍족한 삶에 대한 꿈을 버린 적이 없었다. 전쟁 중에서도 살아남기 위해 갖은 노력을 다했다. 이러한 어려운 상황에서도 계속된 것이 교육이었다.

전쟁으로 인해 폐허로 변한 도시에 학교는 늘 부족했다. 특히 학생 수는 많으나 교실이 부족해서 오전반과 오후반 2부제로 수업이 진행되었다. 하지만 성한 건물이 많지 않았기 때

〈그림 4-7〉 한국 전쟁 중 교육받는 한국인들 모습

문에 수업은 상당부분 벽돌 나르기부터 시작하였다. 이러한 열악한 상황 속에서도 교육은 계속 되었다. 언제 어디서나 교육을 하였다. 이처럼 한민족은 최악의 상태 속에서 인간답게 살아야겠다는 강렬한 의지를 가지고 있었다. 판자를 가지고 학교를 만들어 수업을 진행했고 전쟁 중에서도 아무것도 없었지만 모여서 배웠다. 서양은 '나라답지 못한 나라'라는 시각으로 한국을 바라봤지만 한국은 최악의 조건 속에서 풍족한 삶을 꿈꾸며 마당, 계곡, 판자집 어디서든지 학교를 세워놓고 공부를 하였다.

전후 폐허에서 한국은 외국으로부터 원조를 받아 다시 시작할 수 있었고 교육기관으로는 서울대학교가 특히 많은 지원을 받았다. 1950년대 서울대학교가 한창 복구되는 시점에 미국 미네소타 대학에서 의과, 농과, 공과 대학에 도움의 손길을 뻗쳤다. 이때 행정대학원과 그럴듯한 도서관이 건설될 수 있었고 각종 실험실 기자재도 거의 없었지만 미국에서 원조를 받아 새롭게 과학교육관이 생겼다. 지금의 밴더빌트 대학 전신인 피바디(Peabody) 사범대학은 서울대학교 사범대학뿐만 아니라 한국교육 전체에 대해 약 220만불을 지원하였다. 피바디 대학은 남북전쟁 이후 남쪽 교육을 이끌기도 했던 대학이기 때문에 전쟁으로 폐허가 된 학교를 재건하는데 적임자로 받아들여졌다. 최악의 상황에서 원조를 받아 교육을 계속했으며 이로써 한국교육은 현재의 기반을 마련할 수 있었다.

진정한 원조는 교육

유엔은 2015년까지 새천년 개발 목표(Millennium Development Goals, MDG) 8가지를 달성하고자 노력하고 있다. 극심한 빈곤과 기아의 탈출, 보편적 초등교육의 제공, 양성평등과 여성 자력화의 촉진, 아동사망 감소, 산모건강 증진, HIV/AIDS, 말라리아와 다른 질병 퇴치, 지속 가능한 환경 보존, 개발을 위한 국제적 협력관계 구축 등을 포함하고 있다. 이 중 초등교육의 보편화와 양성평등의 확보는 교육과 직접적으로 연결된 목표이고 나머지 6개의 목표를 달성하는데도 역시 교육의 역할이 매우 중요하다.

세계적으로 오랫동안 원조를 계속 했음에도 불구하고 3.5초에 1명이 아사(餓死)하고, 15초에 1명이 에이즈로 사망하고 있다. 또한 하루에 1 또는 2달러로 사는 사람들의 비율이 거의 줄지 않고 있다. 아직도 1억 명의 어린이가 학교를 다니지 못하고 있으며, 8억 명이 글을 읽지 못한다. 문맹률은 대부분 아프리카에서 가장 높게 나타나고 있다. 많은 원조에도 불구하고 그 성과가 뚜렷이 나타나고 있지 않다. 따라서 자본과 같은 직접적인 지원보다는 지식과 인적자본을 통해 빈곤을 극복하고 자립할 수 있는 지원의 필요성에 대한 인식이 갈수록 높아져 가고 있다.

OECD국가와 세계은행은 작은 원조로도 급성장할 수 있었던 한국을 주목하고 있다. 과거 한국을 보면서 지금의 최빈국들의 가능성을 보는 것이며 여기서 핵심은 교육이다. 해외원조의 규모 면에서 한국이 선진국을 단기에 따라잡기는 매우 어렵지만 한국 특유의 경제발전 경험, 특히 교육발전경험을 전수하면 매우 의미 있고, 그 효과도 훨씬 클 것이다. 물론 내부적으로는 아직 많은 문제를 겪고 있으나 한국의 교육이 다른 나라들에 비해 앞서 있다는 것은 여러 지표에서 살펴볼 수 있다. 예를 들면 OECD에서 실시하는 학업성취도 평가(Program for International Student Assessment, PISA) 결과에 따르면, 한국 학생들의 과학, 수학, 읽기 능력 성적은 다른 OECD 국가들의 평균보다 훨씬 높다.

국경없는 교육가회는 바로 이러한 한국의 교육발전 경험을 활용하여 개발도상국의 교육발전을 향상시키고자 적극적으로 참여하는 기관이다. 서울대학교 교육학과 교수인 김기석 교수는 국경없는 교육가회의 공동대표로서, 특히 대학교수가 사회봉사 활동에 참여하는 좋은 예로 유익한 벤치마킹으로 삼을 수 있다.

국경없는 교육가회

국경없는 교육가회(Educators Without Borders, EWB)는 2007년 5월 김기석 서울대학교 교수를 비롯한 한국 교육자들이 중심이 되어 창립한 비영리단체로서 교육을 통한 빈곤퇴치와 질병퇴치의 실현을 목적으로 한다. 한국의 경제발전경험, 특히 교육발전경험을 개발도상국과 최빈국에 공유하고 전수하는 이 단체는 '물고기를 주는 대신 물고기를 잡는 능력을 키워주자!'를 모토로 하고 있다.

예를 들면, 에이즈 경우 치료받고 있는 환자에 비해 신규 환자의 증가 비율이 더 크다. 지금 시급한 것은 사후적 조치보다는 사전적 예방을 통해 질병이 더 이상 확산되지 않도록 막는 것이 중요하다. 사전예방에 있어서 교육이 특히 중요한데 교육은 비록 근본적으로 치유를 하지 못하지만, 글을 읽게 하고 약을 제시간에 맞춰 먹을 수 있고 처방에 따라 제대로 치료를 받는데 큰 역할을 한다. 이외에도 교육을 통해 가치관의 변화를 이끌어 사회적인 동의를 이끌어 낼 수 있다.

EWB는 전쟁과 기아, 질병 등의 고통에 시달리는 세계 각 지역 주민들을 구호하기 위해 설립한 '국경없는 의사회'를 모델로 삼고 있다. 국경없는 의사회와 근원은 같다. 다른 점이라면, 의사는 지진과 같은 재해나 질병, 전쟁 등이 터진 후에 들어가는 사후적 조치라면 교사는 먼저 개발도상국의 사회에 직접 들어가서 빈곤과 질병을 퇴치하는 예방적 차원의 조치이다.

주요사업

EWB의 주요사업에는 '국제교육개발협력 사업'과 '국제교육개발협력을 위한 연구개발 사업'이 있다. '국제교육개발협력사업'은 협력대상국의 자조능력 향상을 목표로 한 프로젝트 개발을 주로 추진하며 교육 ODA 사업을 이끌어 나갈 후속세대 양성 등을 주요 내용으로 한다.

- 프로젝트 개발 및 추진: 가파(Global Alliance for Poverty Alliance, GAPA)프로젝트는 부르키나파소 비형식교육증진회(The Association for the Promotion of Non-Formal education, APENF)와 연대하여 사업을 추진하고, KOICA로부터 후원을 받고 있다. 또한 아프리카교육발전협의회(Association for the Development of Education in Africa, ADEA)와 협력하여 콩고민주공화국, 모잠비크, 나미비아의 교육 리더십 역량강화를 위한 상호평가를 실시한다. 이 프로젝트의 재정적 지원은 유엔개발계획(United Nations Development Program, UNDP)에서 담당한다.

후속세대 양성사업: 예를 들어, 아프리카 교육전문가 연수사업은 한국형 풀브라이트 장학 프로그램으로서, 아프리카 연구자들의 연구역량을 높이는데 목적이 있다. 프로그램은 EWB와 서울대학교에 의해 운영되는데 EWB는 프로그램 진행 및 연계역할을 하고, 서울대학교는 프로그램 수혜자들의

연구역량 강화를 위한 후속 교육훈련 및 연구지도를 수행한다. 또한 청년교육가 캠프는 향후 교육분야 국제개발원조사업을 이끌어 나아갈 차세대 지도자 양성을 위해 매년 여름 '청년교육가 캠프'를 열고, 대학생들에게 국제교육개발 협력 전문가라는 직업을 경험할 수 있는 인턴십도 운영하고 있다.

한편 '국제교육개발협력을 위한 연구개발 사업'에는 한국 교육발전경험의 이론화, 협력 대상 지역 연구, 국제교육개발 협력 등과 관련된 의제 발굴과 쟁점 분석, 국제교육개발협력 관련 다양한 학술활동 추진 등을 주요 내용으로 한다.

- 타당성 연구: 해외원조를 하기 전 한국의 전문성을 토대로 컨설팅을 제공하는 업무를 주로 진행하는데 아이티 시범학교 건설 사업 타당성 조사, 인도네시아 사업 타당성 조사, 르완다, 우간다 고등교육 사전 타당성 조사, 온두라스 교육협력사업 타당성 조사, 케냐 기초교육 타당성 연구, 아프가니스탄 교육재건 연구 등이 있다.
- 국제학술대회: 예를 들면, 한-아프리카의 날 행사는 ADEA 총회의 주제와 연관된 한국의 사례를 소개함으로써 아프리카 국가들과 함께 한국의 교육발전 경험을 공유하는 것을 목표로 한다.

협력대상국의 자조 능력 향상을 위한 프로젝트: 가파 프로젝트

가파 프로젝트 모형은 무지/빈곤/질병의 악순환 고리를 끊기 위해 문명퇴치/질병예방/소득증대/직업교육을 수행하고

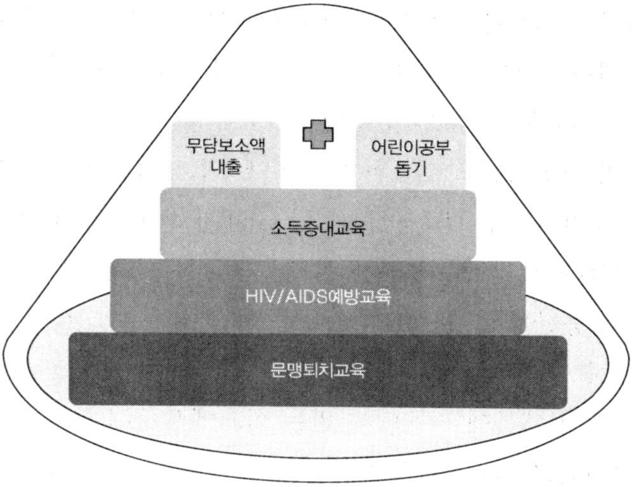

〈그림 4-8〉 가파 프로젝트 모형

주: 이 그림은 2010년 2학기 '기업과 사회적 책임'수업의 제7강 김기석 교수의 특강자료를 활용한 것임.

있다. 특히 문맹퇴치교육은 글을 읽고 쓸 줄 알아야 사회 참여를 유도하여 소득을 증대시킬 수 있어 모든 활동의 기본이기 때문에 다른 것 보다 우선시 되어야 한다. 일부 한국인 관계자들은 GAPA는 한국말로 '갚는다(Pay Back)'와 동음을 가지고 있으므로 "우리가 과거 무상원조를 받아 지금의 기틀을 마련한 것을 되돌려 갚자"라는 이중적인 의미도 지니고 있다는 재미있는 해석을 곁들이기도 한다(EWB 홈페이지, http://ewb.or.kr/business/business.asp).

1) 교육지원

이 사업은 2007년 수요조사, 2009년 현지 타당성 조사를 마치고 부르키나파소(Burkina Faso)에서 수행되기 시작했다. 부르키나파소는 아프리카 서부 내륙에 자리하고 있으며 가나, 코트디부아르와 인접해 있다. 이 나라는 부존자원도 거의 없으며 산업기반도 취약한 빈국이다. 이 사업을 시작할 당시 2006년 세계은행 기준으로 1인당 GDP가 400여 달러 밖에 되지 않았다. 또한 인구의 80%이상 농업에 종사하고 있어 기후변화와 농산물 국제시장 가격 변동 위험에도 취약했다.

특히 심각한 문제는 교육이었다. 공교육이 제대로 자리잡지 못했기 때문에 마을에서 만든 학교에서 최소한의 교육만이 진행되고 있다. 그래서 EWB는 우선 마을 학교에서 교육을 시작 했다. 문맹퇴치를 위한 모국어와 프랑스어 교육과 함께 에이즈에 대한 교육도 함께 진행했다. 특히 부르키나파소는 60여 개의 부족이 각기 다른 언어를 사용하고 있으며 이들과 서로 소통하기 위해서는 프랑스어가 필수적이다. 문맹퇴치를 위한 교육은 궁극적으로 사회적 활동이 가능하게 하여 소득증대로 자립을 할 수 있는 여건을 만들어 줄 수 있다. 또한 교육 이외에도 최소한의 생활용품을 지원해 주고 있으며 극빈 여성 소득 기술훈련, 소액대출과 장학금 지급과 같은 필요한 부분에 있어서의 지원도 함께 하고 있다.

2) L4L 은행(Livestock for Lifelong Learning bank)

L4L 은행(Livestock for Lifelong Learning bank)은 현금이 아니라 가축을 빌려주고 새끼를 낳으면 다시 돌려 받고 이를 다시 다른 사람에게 대여해주는 방식으로 운영된다. 이것

은 현금이 아닌 가축을 대여함으로써 가능하다. 이 은행은 주로 극빈여성의 소득증대를 위해 가축을 사육하는 방법을 가르친다. 무상원조였음에도 불구하고 그들은 자신들만 이익을 받는 것이 부당하다며 스스로 새끼를 2년에 한 마리씩 되돌려 주기도 한다. 돼지고기를 먹지 않는 사람들에게는 양을 사육하는 방법을 가르치는 등 상황에 맡게 적절하게 변경하고 있다. EWB는 현지에서 적극적으로 여러 분야에 지원을 하고 있다. 혜택을 받은 여성층은 에이즈와 관련된 공연을 직접 하면서 에이즈를 미리 예방하자는 메시지를 사람들에게 전달하기도 한다.

나눔의 분석모델을 통한 평가

수여자: 교육분야의 전문가 또는 해외봉사에 강한 의지를 가진 19세 이상의 청년들을 선발하여 이뤄진 것으로서 전문성과 열정을 모두 구비하고 있다. 뿐만 아니라 지속성을 유지하기 위해 연구개발자들을 격려하는 장학금을 신설하거나 청소년교육가 캠프를 통해 수여자들의 질을 높이고자 하였다. 또한 국제학술행사를 통해 이들간의 교류를 추진하면서 이들이 자기발전을 할 수 있는 기회를 적극적으로 제공하였다.

수혜자: 무조건 도와주는 것이 아니라 수혜국의 필요성과 문제점을 파악하고 선택적으로 도와주었다. 특히 전문지식을 통해 해외지원 사전 타당성을 조사하였다. EWB는 타 기관과 달리 특히 교육을 통한 수혜자의 장기적인 차원에서의 자립을 강조하고 있는데 이는 EWB의 기본 정신에 잘 반영되어

있다.

지원방식: 금전이나 물품으로 도와주는 직접지원보다는 사회 및 경제발전의 가장 기초가 되는 교육을 지원한다. EWB는 물론 자체의 전문성을 강조하지만, 필요한 경우 전문기관과 관련기관의 참여를 우선시하고 재정적 문제를 해결하기 위해서도 국내외 국제기관의 후원을 통해 지원의 지속성을 높였다.

경영마인드: 지원의 효율성을 높이기 위해 프로젝트 모니터링과 수혜자에 대한 만족도를 조사한다. 예를 들면, 가파 프로젝트의 1차 모니터링에서는 현지 NGO인 APENF와 함께 1년동안의 사업 결과를 평가하고 다음해의 사업 운영 구조와 실행지침, 그리고 예산을 논의하고 있다. 수혜자 대상 만족도 조사에서는 가파 프로젝트의 성과를 분석하고, 개선방안을 마련하기 위한 연구에 필요한 데이터를 지속적으로 수집하고 있다.

앞으로의 과제

부르키나파소에 빈곤퇴치 모델이 어느 정도 뿌리를 내리면 그 경험을 잘 정리하여 아프가니스탄 지방재건사업에 연결할 예정이다. 가파 모형을 전쟁으로 인해 어려운 여건 속에 처해있는 다른 국가에 확대, 적용하는 계기가 될 수 있을 것이다. 특히, 아프가니스탄에서는 여성 역량강화와 적정기술을 도입하여 소득증대 역량을 강화할 수 있을 것이다.

4. 한글과 함께 세상 바꾸기: 찌아찌아족에게 한글 보급[7]

인도네시아 찌아찌아족에게 한글을 보급하는 사례를 통하여 전 세계의 언어소멸 현상에 있어 한글이 이바지 할 수 있는 역할에 대해 살펴보도록 하겠다. 서울대학교 언어학과 이호영 교수는 문자가 없는 민족들에게 문자를 보급함으로써 나눔을 펼치고 있다. 문자가 없는 민족은 자기 민족의 역사적 발전과정과 문화를 체계적이고 정확하게 서술하기가 힘들다. 따라서 문자가 없는 민족에게 문자를 만들어주고 언어를 보존하게 함으로써 비문화민족에서 문화민족으로, 선사시대에서 역사시대로 전환하는데 큰 도움을 줄 수 있다.

반기문 UN 사무총장은 21세기에는 빈곤, 굶주림, 질병, 기후변화 등의 심각한 문제들이 발생하고 있으며, 이와 같은 위협을 전 세계적인 협력과 행동을 통해 해결해 나아가야 한다고 주장했다. 빈곤문제를 해결하려면 가장 근본적인 방법은 교육이다. 교육을 통해 사람들의 낡은 의식을 바꿔주고 경제발전을 추진할 인재를 양성할 수 있다. 이러한 교육의 성과를 이루는데 있어서 문맹률이 가장 큰 장애물이다. 만약 그 국가 또는 지역에서 교육의 가장 근본적인 도구인 글자가 없으면 모든 것이 불가능하다. 따라서, 이 단원에서는 문자 없는 민족

7 이 사례는 2010년 2학기 '기업과 사회적 책임'수업의 제8강 이호영 교수의 특강자료, 수업에 참여한 학생보고서 그리고 뉴스 기사를 참고하여 재정리하고 발전시킨 것임.

에게 어떻게 한글을 통해 교육을 시행하고 이를 통해 경제 발전과 빈곤 탈출의 효과를 얻을 수 있는지 보여주겠다.

찌아찌아어를 위한 한글 보급

1) 보급 지역의 선정

한글을 보급하는데 우선 적합한 후보지를 선택하는 것이 중요하다. 너무 외딴 곳이나 사람의 왕래가 적은 곳에서는 교통 및 안전 등의 문제가 있다. 물론 너무 복잡한 곳도 적합하지 않을 수 있다. 또한 한국과의 경제적 또는 사회적 연계관계가 지속될 수 있는 환경을 갖고 있는 지역이면 효과를 더욱 높일 수 있다. 이러한 조건을 고려 해보니 당시 인도네시아의 바우바우(Bau-Bau) 지역과 토라쟈(Toraja) 지역이 한글보급을 위한 후보지역이었다. 그런데, 토라쟈 지역은[8] 관광지로 사람들의 왕래가 너무 빈번하여, 다른 외국어의 영향을 많이 받을 수 있어 상대적으로 한글 보급이 쉽지 않을 것이라 판단되어 찌아찌아족의 거주지인 바우바우 지역을 한글 보급 대상지로 확정하였다. 찌아찌아족은 자기의 고유 언어인 찌아찌아어를 갖고 있지만 이를 표기할 문자가 없어 그들의 역사나 문화를 글로 기록하지 못하고 있었다.

바우바우 지역은 교통이 다소 불편하지만, 비전을 가지고 있는 시장과 그와 함께 일을 추진하고자 하는 사람들이 있었기에 이 지역을 대상으로 한국외국어대학교 전태영 교수(말

---

[8] 인도네시아에서 발리(Bali) 다음으로 유명한 관광지역임.

〈그림 4-9〉 바우바우 지역의 위치

레이-인도네시아어 전문가)와 함께 사업을 시작하였다. 한글보급 사업을 시작 전에 인도네시아 바우바우 지역 정부에게 연락했더니 1주일 만에 추진하겠다는 답장을 받았으며 지역정부의 적극적인 후원을 받았다. 특히 바우바우 지역 시장은 한글 도입에 매우 적극적이었는데 이는 시장이 자카르타에 있을 때, 한국 기업의 사람들과 친분을 쌓고, 한국의 성장을 지역 발전의 모델로 생각했기 때문이다. 실제로도 바우바우 지역은 한국과 경제교류가 활성화 되기를 원했고 이를 위해서 다양한 노력을 하고 있었다. 또한 최근 유행하고 있는 한류와 한국산 제품의 영향을 많이 받아 한글도입에 있어서 상당히 호의적이었다. 예를 들면 계약을 체결할 때 지역정부 측에서 한국측을 위해 한국산 봉고차를 준비했으며, 회의실에서는 한국 대기업 브랜드의 대형 LCD TV가 있었고, 바우바우 지역 시장의 핸드폰 역시 한국산이었다.

2) 한글 보급의 어려운 점

그들에게 한글을 보급하는 과정에 있어서 여러 가지 어려운 점이 있었다. 우선 한글을 보급하기 위한 한국인 교사를 파견하는 것이었다. 인도네시아어를 잘 하는 한국인 교사를 찾는 것이 어려울 뿐만 아니라 바우바우 지역에서 평생 거주하면서 한글보급에 헌신을 할 사람을 찾는 것은 더더욱 힘들었다. 한편 1년 정도의 단기간 파견으로 대체하면 계속적으로 교사가 바뀌게 되어 찌아찌아족에게 한글을 보급하는 일의 연속성이 떨어지고 효과성도 기대만큼 얻지 못할 것이라고 생각되었다. 따라서 지역정부에 한글을 배우고 한글을 활용해 찌아찌아어를 가르칠 사람을 추천해줄 것을 요청하는 방안을 선택하게 되었다. 이에 바우바우 시는 두 명을 추천하였는데 한 사람은 찌아찌아족의 아비딘(Abidin)이란 사람이고 다른 한 사람은 바우바우 지역 올이우족의[9] 영어교사 출신이었다.

바우바우 시는 이 두 사람을 2008년 12월에 한국에 파견하여 한글을 배우게 하고 찌아찌아어 교과서 만드는 작업을 하기로 했다. 그러나 이 두 사람은 기후, 음식 등으로 인해 심지어 불면증에 시달리는 등 한국생활에 제대로 적응하지 못했다. 특히 올이우족 출신인 사람은 도저히 적응 못하겠다며

[9] 바우바우 지역의 정치 및 경제 실권을 장악하고 있는 부족임.

중간에 포기했고, 아비딘만 홀로 한국에 남아 치료를 받으면서 여러 어려움을 극복하여 노력한 끝에 결실을 맺을 수 있었다. 드디어 교과서 작업이 완성되고 2009년 7월 정식으로 한글을 활용한 찌아찌아어 교육을 시작하였으며 현지 학생들 사이에서도 좋은 반응을 얻게 되었다.

그러나 여전히 한글 교사인력이 매우 부족한 상황이었다. 당시 단지 6개월 동안 한국에서 단기 연수를 받은 현지인 교사 아비딘 혼자 약 200명에 이르는 찌아찌아족 학생들을 가르쳐야 하니 매우 힘들어 했다. 또한 약 6만 여 명에 이르는 찌아찌아족의 주민들은 아직 한글을 활용한 찌아찌아어 교육을 받지 못해 한글을 읽지 못하고 있었다. 2011년 초 조사에 따르면 바우바우 시에는 한글을 가르칠 한국인 교사가 한 명도 없는 것으로 나타났다(세계일보, 2011/4/13). 제대로 교육받은 교사인력이 절대적으로 부족하여 학생들에게 한글을 잘못 가르칠 확률도 높기 때문에 이는 자칫하면 현재까지 해놓은 모든 성과가 수포로 돌아갈 수 있는 상황이었다.

또한 한글보급에 대한 한국사회의 지원도 부족하였다. 재정지원은 주로 훈민정음학회의 자금지원이 되었고, 초기에 적극적인 후원의사를 밝혔던 정부 및 기타 사회 지원을 제대로 받고 있지 못하던 상황이었다. 정부에서 추진하고자 했던 많은 사업들은 검토 단계에서 중단되었고 한글교재 보급 준비와 찌아찌아 주민 초청 계획 외에 기타 한글보급 관련 사업은 전무 하다시피 했다. 한편 바우바우 시에서도 그나마 당시 시장의 적극적인 한글 도입정책이 큰 역할을 하고 있지만, 2013

년에 시장이 바뀌어지면 그전처럼 우호적이지만은 않았다. 한글보급과 같은 사업은 그 특성상 관련 전문가의 노력은 물론, 공공사업의 성격을 띤 만큼 관련 정부, 기업 및 사회의 특별한 지원과 관심이 있어야 지속적으로 펼쳐나갈 수 있다.

언어소멸과 한글의 역할

1) 언어소멸 문제

Dalby(2003)의 '언어의 종말(Language in Danger)'에 의하면 전 세계적으로 2주에 1개 정도의 언어가 사라지고 있다고 한다. 또한 이번 세기 내에 언어의 절반이 소멸할 것이고, 200년도 지나지 않아 200여 개의 언어만이 살아남을 것이며 결국 최종적으로 영어만이 전 세계 사회에 존재할 것이라고 예측하였다. 이러한 예측에는 무리가 있지만 중요한 사실은 언어가 소멸하면 언어의 다양성과 문화적 다양성 역시 떨어지게 된다는 것이다.

따라서 언어 소멸을 방지하기 위해서는 문자체계를 만들어주고, 모어 기반의 이중 언어 교육 시행과 주민들이 자신들의 언어를 보존할 수 있도록 도와주어야 한다. 문자의 존재는 언어의 보존에 있어서 절대적으로 중요한 역할을 한다. 로마제국에 속했던 많은 민족들 중 대부분은 그들의 언어를 잃어버렸지만, 아랍어를 사용한 민족들은 다른 민족과 달리 그들의 언어와 문화를 계속적으로 보존할 수 있었다. 이는 바로 아랍문자라는 자체의 표기체계(writing system)가 있었기 때문이었다.

물론 문자 없는 민족에게 표기체계를 만들어 주는 것 자체도 중요하지만, 더 중요한 것은 이러한 민족들이 자신들의 언어를 보존해야겠다는 강한 의지가 있어야 한다. 문자 체계를 만들어주는 것은 일회성이지만, 그 이후로 이것을 보존하고 계속 발전시키려면 자신들의 끊임없는 노력이 결정적인 역할을 하기 때문이다.

2) 왜 한글이냐?

한글은 과학적인 원리로 만들어진 문자로서 이미 세계적으로 그 우수성을 인정받았다. 1997년에는 유네스코 세계기록유산으로 등록되었으며, Edwin Reischauer는 한글에 대해서 "글쓰기의 가장 과학적인 시스템"이라고 언급하였고, 네덜란드 라이덴(Leiden) 대학교의 Frits Vos교수는 '세계 최고의 문자'라고 칭찬하였다. 이렇듯 세계 유수의 학자들로부터 그 독창성과 우수함을 인정받고 있는 한글은 알파벳보다 글자수가 적고, 가획의 원리를 이용하여 비슷한 음가의 문자들끼리는 그 모양새가 비슷하며, 표음문자이기 때문에 배우기 쉽고, 사용하기 쉬우며, 특히 컴퓨터와 핸드폰 등에 입력이 빠르고, 오토마타(automata) 능력이[10] 로마 알파벳보다 뛰어나다.

또한 한글은 사람이 말하는 소리를 그대로 기호로 나타내는 소리글자로서 로마자나 아랍글자로 적을 수 없는 찌아찌

[10] 대상의 어떤 기능에 주목하여, 입력과 내부 출력 각 신호의 상호관계를 수학모델로 옮기고, 이 모델을 수학적으로 고찰하여 결론을 유도함. 그리고 이 유도된 결론을 다시 원래의 대상에 꼭 들어맞춰서 해석하는 일련의 과정의 일부 또는 전부를 칭함.

아어의 소리를 쉽게 표기할 수 있다. 구체적으로 설명하면, 한글은 모음과 자음으로 구성되었는데 이 중 자음은 인체의 발음기관인 입술, 이, 혀, 목구멍의 모양, 어금니에 혀뿌리가 닿는 모양을 본떠서 글자를 만들었고, 모음은 천 · 지 · 인(하늘, 땅, 사람)의 삼재사상에서 착안하여 발명하는 등 매우 과학적인 문자라고 할 수 있으며, 음양오행사상을 기초로 하여 글자를 만들어서 철학적 의미를 지니고 있기도 하다. 한글은 1443년 세종대왕이 창제하여, 1446년 반포되었다. 한글은 일반 백성들이 글로써 자신의 생각을 표현하는 것을 도와주었고 쉽게 배울 수 있게 디자인되었다. 그리고 한글은 어떤 소리도 기록할 수 있게 만들어졌기 때문에, 영어 알파벳에 비해 경제적이다.

나눔의 분석모델을 통한 평가

수여자: 한글의 문자적 우수성과 이호영 교수를 비롯한 전문가가 자신의 전문적 지식을 기반으로 나눔 활동을 펼치기 때문에 매우 효율적이고 또한 수여자들도 이러한 새로운 경험을 통해 자기발전에도 도움이 되었을 것이다. 그러나 이러한 적극적 노력에도 불구하고, 현재 찌아찌아어 표현문자로서 한글을 보급하는 활동 중 교사인력 부족과 같은 문제를 해결하지 않으면 기대만큼의 효과를 얻지 못할 수 있다.

수혜자: 한글교육은 일회성으로 끝나는 것이 아니라 지속적으로 추진해야 한다. 또한 단지 언어교육에만 국한하는 것이 아니라 이와 더불어 사회, 경제적 발전을 이룰 수 있어야

한다. 처음에는 한글보급이 목적이지만 결국에는 다른 분야에서의 교류도 필요하다.

지원방식: 한글을 보급하는데 있어서 또 다른 애로사항은 재정 및 사회적 지원의 부족이다. 현재 한국정부 및 기타 사회기관의 지원을 제대로 받지 못하는 상황이다. 한글 나눔 사업과 같이 공익성이 강하고 단기적으로 효과를 보기 힘든 원조활동의 경우 정부 및 사회의 지속적이고 강력한 후원을 필요로 한다.

경영마인드: 현재 한글보급 사업에 관한 문제점과 개선방안을 더욱 심층적으로 분석하고 평가할 필요가 있다. 또한 나눔의 범위를 넓혀 이러한 지역을 원조하는데 있어서 한글만 보급하는 것이 아니라 경영컨설팅, 물 문제, 농업 문제 등에 관한 지원활동과 같이 해당 지역이 필요로 하는 사업들을 함께 추진하면 시너지 효과가 훨씬 클 것이다.

찌아찌아족에 대한 한글보급 사례에서도 볼 수 있듯이 문자의 개발은 단순히 한 민족의 역사문화를 기록하는 것이 아니라 교육을 통해 고급 인력을 양성할 수 있고, 지식을 체계적으로 기록하고 전수할 수 있으며, 더 나아가 경제발전에도 매우 중요하다. 특히 문자적으로 뛰어난 한글의 경우, IT산업의 발전 시대와 맞물려 그 우수성이 더욱 빛을 보았다. 컴퓨터 사용이나 스마트폰 사용 시 한글을 활용하여 효과적으로 빠르게 입력할 수 있다. 이런 우수한 문자를 아직 문자가 없는 민족이나 국가에 보급을 한다면 그들의 문화를 보전하는 것은 물론 그들의 경제발전에도 큰 도움이 될 것이다.

5. 예술과 나눔: Art & Sharing[11]

Art & Sharing(ANS)은 기존의 경제적인 기부나 앞에서 언급했던 지식이나 기술을 통한 봉사활동과는 다르게 예술의 가치에 기반한 나눔 활동을 진행하고 있는 단체로서, 문화예술이라는 차별화된 가치를 나누면서 영속성, 자아실현 충족, 인간적 교감을 도모하여 수여자와 수혜자 모두에게 특별한 가치를 제공하고 있다. 이 단원에서는 ANS의 설립과정 및 활동운영에 대해 살펴보고 이 단체의 프로젝트 활동을 여러 가지 기준에 따라 분석하면서 바람직한 문화예술 나눔모델에 대해 설명하고자 한다.

문화예술의 나눔

나눔에는 다양한 형식의 활동들이 있는데, 이 중 문화예술의 나눔은 다른 나눔 활동에 비해 좀 더 차별화된 특징과 가치를 가진다. 지식의 나눔은 이를 많이 가지고 있는 사람이나 기관으로부터 이를 필요로 하는 수혜자에게로 전달하는 일방적인 하향성이라는 특성을 지니고 있어 수혜자 측면에서 때로는 거부감을 느낄 수도 있다. 하지만 예술의 나눔은 수혜자 배경에 상관없이 누구나 언제든지 생활에서 향유할 수 있다. 따라서 문화예술은 높은 대중성을 갖고 있기 때문에, 인간

---

11 이 사례는 2010년 2학기 '기업과 사회적 책임'수업의 제10강 ANS 회장 김민정 학생의 특강자료, 수업에 참여한 학생보고서, 그리고 ANS 홈페이지를 참고하여 재정리하고 발전시킨 것임.

적 교감의 좋은 수단이 될 수 있고, 감성을 풍부하게 할 수 있으며, 더 나아가 올바른 가치관 형성에도 긍정적인 역할을 할 수 있다.

예를 들면 ANS의 초대 회장은 실제로 야학활동을 하면서 탈선청소년들을 가르친 경험이 있는데, 지식 전달에 있어 그들이 상대적으로 받아들이기 어려워한다는 점을 인지했다. 가르치는 내용 자체가 어렵다는 것이 아니라 이들에게는 지식보다 하루하루의 삶을 살아가는 의미와 이에 따른 자아확립이 더 필요했기 때문이다. 하지만 우연히 크리스마스 공연 때에 이들에게 감성적인 면이 더 잘 전달되고 호소력이 있다는 것을 알게 되었다. 이렇듯 문화예술의 나눔은 감성적인 측면이나 사람의 사고에 더욱 쉽게 다가가서 긍정적인 영향을 미칠 수 있다.

Art & Sharing **봉사단체**

1) 설립배경

초대 회장의 지인 중에 클래식 분야에서 오랫동안 일을 해온 피아니스트가 있었는데, 어느 날 이 피아니스트가 운영하는 스튜디오를 도와줄 기회가 생겼다. 이 피아니스트가 운영하는 스튜디오는 역삼동에 위치한 Openstudio21로 하우스 콘서트 및 전시회를 열면서 거기서 얻어지는 수익금을 YWCA에 기부하고 있었다.

소수의 인원이 Openstudio21에서 문화예술의 나눔활동을 도와주며 많은 문화예술 컨텐츠를 접했고 즐거움, 인간적 교감, 자아실현 등의 가치를 몸소 느꼈다. 더욱이 이러한 가치는 비록 배경이 매우 다른 사람들이라고 할 지라도 누구나 쉽게 받아들인다는 것도 알 수 있었다. 한편 스튜디오에서 첼리스트, 미술가, 바이올리니스트 등 다양한 예술가들을 만났는데 이들 또한 자신들의 예술적 재능을 활용하여 나눔 활동을 하고 싶은 의지가 있다는 것도 알게 되었다.

그러나 나눔에 뜻이 있음에도 불구하고 심리적, 금전적 어려움을 겪었다. 예를 들면, 정명훈, 금난새와 같은 유명한 음악가들은 기업이나 지역정부 또는 중앙정부의 지원을 받아서 대규모의 자선콘서트를 열 수 있다. 그러나 사회적 인지도가 그렇게 높지 않은 사람들이 이런 방식으로 자신의 재능을 나눈다는 것은 결코 쉽지 않았다. 따라서 6개월간 Openstudio21의 운영을 돕는 봉사활동을 하면서, 더 발전적이고 다양한 문화예술 나눔을 하고자, 초대 회장의 지인들을 중심으로 16명이 모여 ANS를 시작하게 되었다.

2) 비전

ANS의 비전에 대해서 자세히 살펴보기 전에 먼저 현 사회의 예술가들과 문화예술 나눔 실태를 살펴봄으로써 ANS의 설립목적과 비전을 강조해 보고자 한다. 우선 문화예술가들에 대해 살펴보자. 예술의 전당에서 공연을 할 정도로 유명한 첼리스트는 힘들게 연습한 곡들을 몇 번 공연하고 끝내는 것을 아쉬워하고, 문화예술 관련 동아리들은 연습한 곡들로 더 많은 공연을 하고 싶어도 기회가 없음을 안타까워한다. 또한 일반인들은 문화예술이라고 하면 전문가들이 해야 할 것 같고 일반인들이 하기 힘들 것이라고 생각하는 경우가 많다. 기업들 역시 작은 행사보다는, 특히 대기업들 위주로, 대형 이벤트를 주로 진행하고 있다.

이러한 행사들도 매우 중요한 의미가 있겠지만 소수의 문화 수요자들을 위한 문화 활동이 아직 다양하게 이루어지지 않고 있다는 것은 아쉽다고 할 수 있다. 뜻있는 사람들이 사비를 모아 조직한 여러 문화예술봉사단체들이 다양한 콘서트들을 열고 있지만, 잠재적 수요자들의 수요에 비해서 공급이 매우 부족한 상황이었다. 즉, 나누고자 하는 예술가와 이를 혜택보고자 하는 수혜자들의 수에 비해 문화예술 공연의 공급이 부족한 실정이었다.

이에 ANS는 자신의 재능을 나누고자 하는 예술가들과 협력하고 대중에게 양질의 문화예술을 함께 하기 위해 다음과 같은 비전을 세웠다. 문화예술의 가치에 기반한 창조적 나눔 활동을 통해서 세상의 따뜻한 변화를 주도하는 비영리 봉사단체 ANS는 예술의 가치에 기반하여 문화예술 나눔이 가지는 특수성을 살리면서 이를 활성화 할 여러 가지 나눔 방법들에 대해서 지속적으로 연구하고, 많은 사람들과 교감하면서 나눔의 가치가 확대되는 것을 목표로 하고 있다.

3) 주요 활동

ANS에서 봉사하는 사람들 중에는 문화예술을 전공한 사람도 있고 아닌 사람도 있다. 그들의 관심사 역시 매우 다르다. 예술분야에 더 관심이 있는 사람이 있고 나눔에 더 관심이 있는 사람도 있으며, 또한 프로젝트를 기획하고 단체를 관리하는데 더 관심이 있는 사람도 있다. ANS의 주요활동은 세션(Session)과 프로젝트(Project)로 이루어 졌다. 각 구성원들은 때로는 자신이 모르는 분야에 대해 배울 필요가 있고, 활동효과의 시너지를 내기 위해서는 토론과 협력도 해야 한다. 따라서 내부적으로 연구 및 토론의 세션이 필요했다.

세션은 구체적으로 내부세션과 외부세션으로 나누어져 있다. 내부세션은 예술, 나눔 그리고 기획으로 구성되었다. 외부세션은 신입멤버들이 들어왔을 때 모두 같이 봉사활동을 체험하고 자신이 생각한 나눔에 대해 토론하고 의견을 주고 받는 것이다. 내부세션에서는 주로 나눔의 대상과 나눔의 내용에 대해서 연구한다. 즉 누구에게 먼저 나눌 것인지, 그리고 어떤 예술을 나눌 것인지에 대해서 다룬다. 외부 세션에서는 문화예술 나눔을 실천하는데 필요한 역량을 양성하는 것과 지금까지 기획했던 프로젝트에 대해 정리하고 혹시 부족하거나 할 필요가 있는 예술의 나눔이 어떤 것이 있는지, 그리고 향후 어떻게 더 개선할 수 있을지에 대해 연구하는 것이다. 각 세션은 외부전문가들을 초빙하여 조언을 받고 전문성을 높이고자 노력하고 있다.

프로젝트는 장르별로 시각예술, 공연예술, 예술교육 그리고 시범 사업(pilot program) 등의 네 가지로 구성되어있다. 시각예술에서 대표적인 활동은 벽화 프로젝트이다. 벽화프로젝트의 경우 전문가들에게 도움을 받아서 페인트가 아닌 타

일로도 벽화 꾸미기를 시도해보는 등의 여러 프로젝트를 수행하면서 노하우를 쌓아가고 있다. 보통 지방자치단체로부터 미관상 개선이 필요한 부분에 대해 의뢰를 받아서 프로젝트를 진행하고 있다. 또한 할아버지, 할머니들의 어렸을 때의 꿈에 대한 이야기를 듣고 그것을 예술가들과 함께 캔버스에 표현하는 '꿈의 캔버스' 프로젝트라는 것도 실시 하고있다(〈그림 4-10〉 참고).

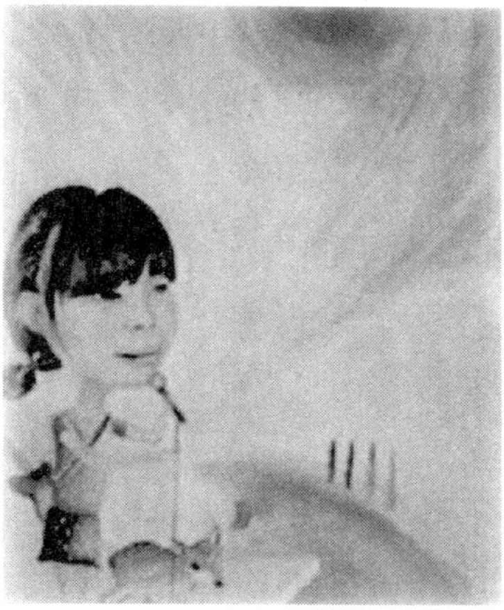

〈그림 4-10〉 '꿈의 캔버스' 프로젝트

공연예술에는 청소년들을 위한 콘서트, 재활원 기금 마련 콘서트 등이 있다. 예를 들면, 2010년에 실시한 프로젝트 중 정심여자정보산업학교 대강당에서 진행한 '그대들의 꿈이, 봄꽃처럼 피어나다'(그림 4-11 상)와 암사재활원에서 한 '암사재활원 기금마련 연주회'(그림 4-11 하)는 이와 관련된 대표작이다.

〈그림 4-11〉 공연예술 프로젝트의 예

예술교육은 어린이들의 감수성을 일깨워주는 교육 프로그램을 개발하는 프로젝트이다. 이 프로젝트는 일반적으로 전문가들의 도움을 받아 기획하고 진행한다. 예술교육의 대표작으로 2010년에는 전남 고흥군 소록도 소록분교에서 진행한 '꼬마 사슴들의 여름이야기'가 있다.

이와 같이 여러 가지 프로그램을 통해서 노하우를 축적하는 것 외에, ANS는 회원들이 새로운 기획은 물론 안정적으로 프로그램을 수행할 수 있는 기회를 제공하는 노력도 하고 있다. 한편 수혜자 및 사회에 대해 이해하고 실질적인 문화예술 나눔을 연구하며 창의성을 발휘하기 위해 프로젝트 아이디어

팀을 운영한다. 3~4명의 팀원들은 일정 기간 동안 아이디어 회의를 거치고, 학기 말에는 각 아이디어와 그 동안 수행했던 프로젝트를 평가하면서 다음 학기에 할 프로젝트 계획을 짠다. 따라서 우수한 아이디어는 다음 학기에 실행될 기회를 얻게 된다.

ANS는 봉사활동의 지속가능성과 발전을 위해 주기적으로 신입회원을 단체로 받는 동아리 형태로 운영하고 있다. 한편 회원들 중 일부는 졸업하고 사회에 나가서도 계속 시니어 ANS 회원으로서 단체의 장기적인 전략이나 조직 운영에 대해 함께 고민하고 참여하며 정규 회원들과 협력하고 단체의 역량을 키워가면서 활동의 연속성을 발전시키고자 노력하고 있다.

예술나눔의 실천 방식

다음에는 ANS가 예술나눔을 어떤 방식으로 수행해 왔는지, 그리고 그 대표적인 사례는 어떤 것들이 있는지 알아보도록 하자.

1) 예술나눔의 형태

예술나눔의 형태(시각예술, 공연예술, 예술교육)를 수익여부에 따라 수익형과 비수익형으로 구분할 수 있고, ANS의 예술활동 참여여부에 따라 참여형과 채널형(예술가가 갖고 있는 컨텐츠를 지원하는 것)으로 구분할 수 있다. ANS는 현재까지 수익형보다는 비수익형, 채널형보다는 참여형에 많이 치중하여 진행해 왔다. 이는 ANS가 다른 전문예술가들과의 협업이 부족하고, 봉사활동으로 하는 공연의 관람료를 사람들에게서 받는 것을 꺼리기 때문이다. 그러나 지속적인 봉사활동과 명성 있는 전문예술가들의 참여 그리고 수혜자를 위한 질 높은 공연을 위해서 이러한 점들은 점차 개선되어야 할 부분이다.

2) 예술나눔 프로젝트 실천의 두 가지 핵심 요소

ANS는 프로젝트 진행에 있어서 두 가지 원칙을 가지고 있다. 하나는 좋은 프로젝트여야 하고 다른 하나는 프로젝트 수행활동이 잘 이루어져야 한다는 것이다. 예술은 주관적이어서 그 가치를 측정하기 어렵다. 따라서 어떻게 하면 사람이 좋아하고 의도했던 메시지를 잘 전달 했는지의 여부가 매우 중요하다. 그리고 예술공연만을 전달하는 것이 아니라 그 과정을 통해 따스한 인간적 소통이 무엇보다 중요하다 따라서 예술나눔에 있어서 수여자와 수혜자의 수평적이고 쌍방향 소통도 고려해야 한다. 이러한 우수한 프로젝트가 이루어지기 위해서는 봉사자들이 적극적으로 참여하고 다른 프로젝트에 다시 참여하게 만드는 동기 부여가 매우 중요하다.

3) 프로젝트 수준의 발전 단계

프로젝트 수준은 발전 단계에 따라 아래와 같이 3가지로 나눌 수 있다.

1 단계: 누구나 즐길 수 있는 프로젝트

누구나 즐기는 문화예술 나눔은 많은 사람들이 기꺼이 참여하고 지원도 하는 나눔 활동으로서 비전문가더라도 예술을 즐길 수 있고 직접 수행하면서 즐거움을 느끼는 활동이다. 실제로 ANS의 회원 자신이 예술의 가치를 알고 즐길 수 있어야 진정한 나눔의 가치를 더 잘 이해할 수 있고 나아가 더 잘 수행 할 수 있기 때문이다. 예를 들면, ANS의 1기 회원들 중 몇 명은 유명한 뮤지컬 퍼포먼스인 '난타'의 강사한테 별도의 지도를 받고 공연을 했다고 한다. 이 밖에 직접 그림을 그리고 색칠을 하는 벽화작업, 배지나 책갈피와 같은 공예품 만들기 등도 해당 부문의 전문인에게 지도를 받고 봉사활동을 수행했다. 특히 벽화작업은 ANS가 많이 진행하는 프로젝트 중 하나인데, 전문인들의 도움을 꾸준히 받으면서 노하우가 쌓여 이제는 벽화의 장소, 디자인 등을 모두 내부적으로 기획하고 있다고 한다. ANS는 앞으로 단체 회원뿐만 아니라 일반인들의 참여도 많이 유도하여 프로젝트의 규모를 확대시키고자 하는 계획도 가지고 있다.

2 단계: 예술가와의 협력을 통한 프로젝트

1 단계 프로젝트가 비전문가 참여에 중점을 둔다면, 2단계는 예술가의 참여에 초점을 맞추는 나눔활동이다. 이는 앞서 말한 채널형으로 볼 수 있는데 예술가들이 자신들의 공연이나 작품을 재공연 또는 재전시 하게끔 도와주는 것이다. 예술가들의 나눔에 대한 참여를 적극적으로 지원하는 것인데 재활원 증축 기금, ANS 프로젝트 기금 등을 마련하는 연주회뿐 아니라 수혜자를 찾아가는 연주회를 열기도 했다. 이런 프로젝트를 통해 병원이나 학교, 공장 등을 방문하여 공연을 하기도 했다. 앞으로 이러한 나눔 활동에 더 많은 전문가들이 적극 참여할 수 있는 기회를 확대하려고 기획하고 있다.

3 단계: 수혜자를 고려한 프로젝트

이상의 1, 2 단계는 나눔 수여자의 수요를 충족시키는데 목적에 둔 반면, '수혜자를 고려한 예술나눔 활동'은 실제로 예술을 받아들이고 즐기는 사람들에게 좀 더 초점을 두었다. 예술의 효율성을 높이기 위해서는 먼저 누구와 나눌 것인가에 대한 고려가 필요하다. 예를 들면, 예술나눔의 수혜자는 바쁜 직장인, 경제적으로 어려운 사람, 예술을 접하기 어려운 사람 등으로 다양하다. 따라서 어떠한 수혜자에게 그들에게 적합한 예술나눔을 기획하는 것이 매우 중요하다. 수혜자에게 양질의 예술나눔을 베풀고, 더 나아가 예술의 가치를 더 효과적으로 전달하는 방법론을 재고하는 것도 중요하다.

사례 1: 아주 특별한 점심. 예술을 즐기기에 시간적 · 경제적 제약이 많은 사회적 기업 '고마운 손'의 직원들을 위해 ANS는 점심시간 동안 공연 및 공예품 만들기 프로그램을 진행하였다. 이들에게 알맞은 시간에, 이들이 좋아하는 클래식 음악 등을 중심으로 공연했다. 또한 이들이 대부분 수제가방을 만드는 직공들이고, 기업의 이름도 '고마운 손'인 점을 착안하여 이들이 하고 있는 일에 대해 자부심을 높이기 위해 '손'이라는 주제로 프로젝트 진행했었고, 이에 대한 반응도 매우 좋았다.

사례 2: ThankShoe a lot. 제3세계 어린이들에게 실용적인 도움과 누군가가 그들을 생각하고 있다는 심리적 희망 그리고 미적 감성을 전하기 위해 그림이 그려진 운동화를 전달하였다. 제3세계 어린이들은 경제적으로 어렵기 때문에 기본적인 의식주의 해결은 물론 단순히 예술을 즐길 수 있는 여유 조차 없다. 이 두 가자 필요를 동시에 충족시키기 위해서 우선 신발을 선택해서 튼튼할 뿐만 아니라 보기에도 예쁘게 만들어서 전달하고자 하였다. 이러한 프로젝트를 실천하기 위해 ANS는 먼저 관련 협력사들에게 도움을 청했다. 구체적으로 신발을 전달할 수 있는 단체인 '월드컵 프린트'라는 기업에게 도움을 요청하였다. 그리고 신발을 직접 전달하기 위해서 제3세계 국가로 직접 갈 수 없기 때문에 그 지역으로 봉사활동을 가는 지리산 고등학교와 협업을 하여 신발을 쉽게 전달할 수 있었다. ANS는 이렇게 나눔활동을 하고자 하는 여러 단체들을 연결하는 역할을 함으로써 나눔의 효율성을 높일 수 있었다.

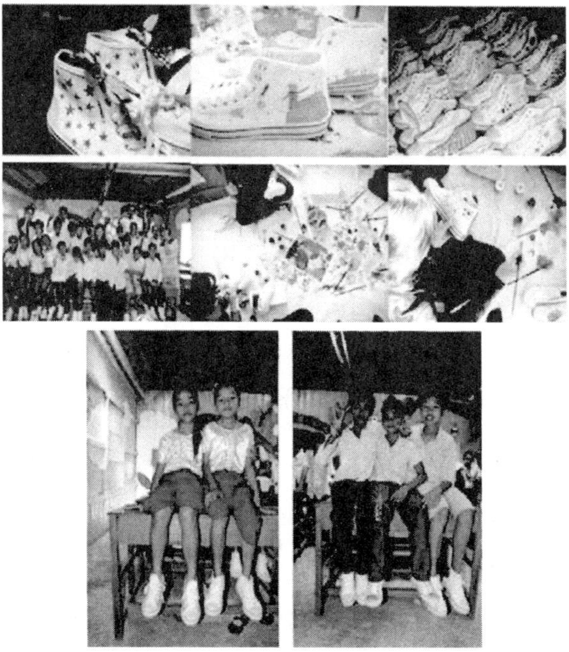

〈그림 4-12〉 ThankShoe a lot

사례 3: 꿈의 캔버스. 앞서 설명한 양로원의 할아버지, 할머니들을 약 30분 동안 인터뷰하면서 그들의 어릴 적 꿈의 이야기를 듣고 그 꿈을 예술가들한테 전달하여 그림으로 표현하였다. 이것은 수혜자와 직접적으로 교감하고, 함께 작품으로 만드는 과정을 통해 수혜자들이 예술의 가치를 직접 느낄 수 있었으며, 특히 예술가나 수여자가 주로 핵심역할을 맡았던 다른 프로젝트와는 달리 수혜자가 좀 더 적극적으로 참여한다는 점에서 앞서 다른 프로젝트보다 한 단계 더 발전하였다고 할 수 있다.

사례 4: 벽화 그리기. ANS 회원들의 주도하에 양로원 외벽에 벽화 작업을 시작하였다. 미리 그려진 스케치에 페인트로 채색을 하는 작업이 주를 이루었는데, ANS 회원들은 점차 벽의 특성을 파악한 뒤 작업을 진행하게 되었다. 가령 벽의 재질이 특이하여 페인트가 잘 칠해지지 않는 경우 색타일을 붙이는 등 다양한 기법을 활용하였다. 또한 해당 프로젝트 지역의 특성에 따라 메시지를 달리 하기도 했다. 삭막한 환경에는 사람들이 지나다니면서 보고 웃을 수 있는 그림을, 어린이들이 있는 곳에는 희망을 줄 수 있는 그림을 그리는 등 주변환경에 맞는 주제로 벽화작업을 진행했다.

위의 네 개 사례의 공통점을 본다면, 단순히 공연이나 작품을 통해 일방적으로 기부하기보다는 수혜자를 배려하여 그들이 직접 예술의 가치를 느끼거나, 예술을 나누는 과정에 수혜자가 하는 일에 대해 자부심 또는 희망을 가져다 주는 것과 같이, 감정의 교류가 이뤄진다는 점이 다른 봉사활동과 다른 특이점을 찾을 수 있다.

나눔의 분석모델을 통한 평가

수여자: ANS는 예술을 나누고자 한 사람들이 모인 비영리 봉사단체인데 멤버들은 문화예술을 전공한 사람뿐만 아니라, 예술, 나눔 또는 프로젝트 기획이나 단체 경영에 관심이 많은 일반인들도 포함하는 등 다양한 사람들로 구성되었다. 이들은 전문적인 나눔활동을 통해 스스로 만족감을 느낄 뿐만 아니라 자기발전의 기회도 함께 얻는다. 그러나 봉사 동기를 가지는 인재들을 어떻게 더 많이 더 효율적으로 유치하고, 교육하고, 유지해나가야 하는 문제가 남아 있다. 훌륭한 인재의 유치는 봉사의 질, 대외적인 신뢰감, 그리고 자금 조달을 원활하게 할 수 있다. 이러한 점을 고려할 경우 훌륭한 인재의 유치는 비영리단체가 활동을 하는데 있어 하나의 큰 과제라고 볼 수 있다.

수혜자: 나눔 활동의 대상은 프로젝트에 따라 다른데 일반인들을 위한 나눔이 있고 때로는 특정 기관이나 특정 대상의 수혜자를 위한 나눔도 있다. 대부분의 예술나눔이 장기적인 관점인 자립을 위한 것보다는 일회성의 특성이 강하지만 그 영향은 일반적인 일회성 나눔보다는 더 오래 지속할 수 있다. 예를 들면, 가방을 만드는 직원들에게 '고마운 손'이라는 주제의 나눔 활동은 직원들에게 자신이 하고 있는 일에 대해 자부심을 느끼게 했고, 나아가 일의 생산성과 효율성을 높일 수

있는 장기적 효과도 가져왔다.

지원 방식: ANS는 물질의 나눔보다는 문화예술 나눔을 통한 간접지원을 주로 해왔다. 이는 일반적인 지식의 나눔보다 감성적인 측면에서 접근하여 보다 긍정적인 영향을 끼쳤으며, 나눔의 수혜자들 역시 큰 거부감 없이 혜택을 받을 수 있다는 장점이 있다.

경영 마인드: 기업의 경우 기간 별 매출액, 수익, 시장 점유율 등 계량화로 구체적으로 시각화 하여 비교할 수 있는 수치로 업적 또는 성과를 평가할 수 있지만, 비영리단체는 수익이 목적이 아니기 때문에 상대적으로 성과를 적절히 평가할 수 있는 방법이 없다는 것이 당면한 과제이다. 하지만 ANS는 자체 내에서 수립한 비전을 실현하기 위해 적합한 기반의 마련여부와 장기적 관점에서 단체의 지속가능성이라는 두 가지 기준으로 자체 평가를 하고 있다. ANS는 초반에 규모의 성장을 우선시하였으나, 점차 단체의 지속성 및 안정성과 봉사의 전문성 등과 같은 질적 성장도 강조하였다. 또한 장기적 비전 아래 단기적인 목표를 세우고 이러한 목표의 달성여부로 성과를 평가하고 있다. 그러나, 여건이 제한되어 있어 수혜자의 선별에 있어서 체계적이지 않은 면이 있다. 더욱 전문적인 평가시스템에 따른 개선 방안을 수립하면 더욱 차별화되고 효과가 큰 나눔행사가 될 수 있을 것이다.

6. 실천적 지혜로서 나눔: 프로네시스 나눔실천단[12]

기존의 봉사활동을 일방적으로 준다는 관점에서 좀 더 나아가 수여자와 수혜자가 모두 만족을 느끼는 나눔을 지향하는 프로네시스의 활동은 자원봉사 참여횟수나 참여하는 사람의 수와 같이 규모에 치중하는 단발성 자원봉사에 머무르고 있는 한국의 현실에 자원봉사의 진정성 및 지속성에 대한 바람직한 방향을 제시하고 있다. 이와 관련하여 본 단원에서는 프로네시스의 나눔활동에 대해 살펴보겠다. 앞의 사례들에서 전문성을 중심으로 한 대학의 나눔활동에 대해 소개했다면 이 단원에서는 전문성이 없더라도 나눔의 뜻과 열정을 가진 학생이라면 누구라도 참여할 수 있는 나눔단체 및 이들이 진행하고 있는 활동에 대해서 살펴보고자 한다. 더불어 앞에서 소개한 나눔의 분석모델에 적용하여 전문성이 강한 나눔의 활동에 비해 어떤 장 · 단점이 있는가도 비교 분석할 것이다.

프로네시스 나눔실천단 소개

1) 설립배경 및 성격

대학생들은 여러 경로를 통해 봉사활동에 참여하지만, 정작 봉사활동이 지니는 의미나 사회 곳곳에 필요한 나눔과 관련된 정보를 알리는 역할을 하고 총괄하는 조직은 별로 없었

---

[12] 이 사례는 2010년 2학기 '기업과 사회적 책임'수업의 제8강 프로네시스 회장 김은희 학생의 특강자료, 수업에 참여한 학생보고서, 그리고 기타 관련 발간물 및 홍보자료를 참고하여 재정리하고 발전시킨 것임.

다. 이러한 배경에서 서울대학교의 프로네시스가 설립되었고, 이 조직의 기본적인 목표는 모든 서울대학교인들이 1인 1봉사, 즉 한 학생당 1회 이상의 봉사활동을 할 수 있도록 돕는 것이다. 프로네시스는 2006년 11월에 당시 총장이었던 이장무 교수의 지도 하에 출범하였고 지역인재육성협의회의 지원을 받아 소외된 지역을 찾아가 교육봉사활동을 하기 시작하였다.

프로네시스 나눔실천단은 동아리가 아니고 서울대학교 공식봉사단이지만 아직은 제대로 된 위상을 교내에서 갖지 못하고 다른 동아리와 같은 대우를 받고 있다. 그러나 외부와 연락을 취하고 행사를 진행할 때는 공식봉사단 지위로 참여하고 있으며, 또한 내 · 외부적으로 서울대학교의 공식봉사단임을 적극적으로 홍보하여 공식봉사단의 인지도를 높이고자 노력하고 있다.

프로네시스는 고대 그리스어로서 심장이라는 뜻을 가진다. 고대 그리스인들은 심장을 인체 모든 기관을 제어하는 뇌와 같은 중추적 기관으로 생각했다. 그리고 심장이 자체 역할을 잘 수행할 때, 즉 시간과 상황에 따라 내적인 모든 감각기관들이 적절히 움직이도록 할 때, 프로네마(Pronema)의 상태가 유지되는 것으로 보았다. 오늘날 '프로네시스'라는 개념은 일반적으로 실천적 요소와 이론적 요소를 모두 갖추고 있음을 보여주는 '실천적 지혜'라는 용어로 번역되어 사용되고 있다. 따라서 프로네시스 나눔실천단은 실천적 지혜의 정신을 강조하면서 세련된 나눔문화를 조성하고자 한다. 즉 희생과 헌신,

손해 보는 나눔 활동이 아니라 나눔을 사회적 인재가 당연히 갖춰야 할 교양으로 생각하고, 봉사활동이 재미있고 즐거운 일이 되도록 만들자는 것이다.

2) 조직구성

가입된 단원 수는 총 850명(2010년 기준)이고 프로네시스의 웹사이트에서 함께 정보 공유를 하는 사람들까지 합하면 구성원이 대략 1,200여 명에 달하는 조직이다. 프로네시스는 구성원을 4개 등급으로 나누어 관리하고 있다. 전반적인 나눔 활동을 기획하고 총괄하는 역할을 맡은 회원은 집행부로 분류되고, 가입만 하고 실질적 활동을 하지 않는 회원은 수습단원이고, 활동에 최소 한번 참여한 회원은 정단원이며, 활동에 많이 참여하는 사람은 명예단원이며 '프로네시안(Pronesian)'이라고도 부른다. 단원들은 모든 활동에 참여해야 하는 것이 아니라, 집행부에서 기획한 여러 가지 활동 중에서 자신이 관심 있는 활동에 참여하게 되어있다.

이 중 프로네시스 집행부는 10명에서 15명 정도로 구성되고 1년 동안 임기를 수행할 의무를 가지고 있다. 지역사회를 위한 나눔, 프로네시스는 나눔을 실천하는 사람들을 위한 봉사활동 실현을 위해 재미있고 즐거운 봉사활동을 기획하고 봉사자들이 봉사활동에만 집중할 수 있는 환경을 조성하는 것을 목표로 하고 있다. 집행부는 매주 1회 정규회의를 거쳐 여러 가지 봉사활동을 기획하고 외부와의 접촉과 세미나 주최와 관련된 논의를 한다. 이 외에도 다른 여러 가지 업무로 인하여 일주일에 4번에서 5번 정도 만날 정도로 많은 업무가 있다. 그럼에도 불구하고 집행부 구성원들은 금전적인 혜택을 전혀 받지 않고 단순히 나눔에 대한 열정과 진정성으로 서울대학교 나눔 문화에 도움이 된다는 것에 만족하면서 활동하고 있다.

프로네시스 활동 목표 및 내용

1) 활동 목표

프로네시스의 활동 목표는 '나눔 daily, 나눔 actually, 나눔 together'이다. 나눔 daily는 '나눔을 일상화하자'는 뜻이고 나눔 actually는 '실질적인 나눔을 하자'는 뜻이며 나눔 together는 '주는 사람도 즐거운 나눔을 하자'는 뜻이다. 이 활동 목표는 학내 목표와 학외 목표로 나눌 수 있다.

학내 목표는 서울대학교인의 1인 1봉사 문화를 전파하는 것이다. 이를 위해 언제나 함께 봉사활동 단체로서 움직여야 하는 다른 동아리들과는 달리 자신이 봉사활동을 하고 싶을 때 알맞은 봉사활동을 하거나 추천해주는 역할을 하고 있다. 이와 더불어 학내봉사관련 시스템을 구축하고자 학생처에서 발간하는 봉사활동백서 편찬사업에도 적극으로 관여하여 도움을 주고 있다.

학외 목표는 사회 전반에 걸쳐 프로네시스 정신을 전파하는 것이다. 이를 위해 2009년 여름부터는 해외봉사까지 하면서 서울대학교 학생들이 학업수행은 물론 교육봉사까지 하고 있음을 널리 알리고 있다. 특히 재외 한국학교 학생들의 경우

대부분 한국 대학교로 진학을 원하기 때문에 프로네시스의 입시상담 등 프로그램은 재외한국 학생들에게 큰 도움이 된다. 이렇게 프로네시스는 국내의 소외지역뿐 아니라 해외 지역까지 활동범위를 넓히면서 봉사정신을 널리 전하고 있다.

2) 활동 내용

(1) 공공: 나눔교실 활동은 현재 프로네시스가 가장 집중적으로 하고 있는 활동인데 수련회 형식으로 진행되는 봉사활동 프로그램이다. 4박5일 일정으로 소외지역에 가서 공부 잘하는 법 가르치기, 진로탐색 돕기, 과학실험 등 여러 가지 형식으로 다양한 방면에서 활동을 전개하고 있다. 매 방학마다 최소 4개 지역에서 최대 7개 지역까지 방문하고, 그 범위는 김제, 춘천, 대천, 의성 등 전국적으로 이루어지고 있다.

(2) 한·라·봉: '한 달마다 나눔을 실천하기 위한 봉사자들의 모임'의 줄임 말로, 한 학기 동안 정기적으로 진행되는 봉사활동이다. 주로 관악구지역의 아동들을 대상으로 영어교육 등을 진행하고 있다.

(3) 나눔일기: 단기 행사로서 오랜 시간을 투자할 수 없는 사람들을 위하여 '지역 사회 환원'의 취지와 '일일 노력봉사'라는 내용으로 하루에 4시간에서 6시간 정도 하는 봉사 프로그램이다. 주로 관악구 거주 독거노인들 또는 불우 이웃들을 대상으로 하루 동안 연탄배달, 무

료급식 배식봉사, 장애인과의 체육대회 등 다양한 봉사활동을 펼치고 있다.

(4) H.C.N. (Happy Culture Network): 최근 국내에서 다문화가정이 늘어나면서, 다문화가정 자녀들의 서투른 한국어로 인한 부적응 문제, 자녀들의 진학문제 등 많은 어려움을 함께 극복하고자 다문화 가정을 지원하는 봉사활동이다. H.C.N.은 서울대학교 내의 다른 단체와[13] 공동으로 기획·운영하는 프로그램으로서 관악구에 거주하는 다문화 가정들이 주요 지원 대상이다. 아동뿐만 아니라 부모들에게도 한국의 전통문화를 소개하고, 함께 민속박물관 등 문화관광지를 방문하여, 공문서의 사용법을 가르쳐주는 등의 활동을 하고 있다.

(5) 나눔 데이: 매달 둘째 주 목요일에 프로네시스의 봉사활동을 적극적으로 홍보하기 위하여 그 달의 봉사활동 내용을 학생들에게 알리는 행사이다. 초기에는 특이한 테마 내용 위주로 홍보를 위한 월간지에 실었지만, 학생들의 많은 관심을 그다지 끌지 못하였다. 이를 개선하기 위해 봉사단은 솜사탕과 월간지를 함께 나누어 주면서 좀 더 즐거운 분위기에서 홍보하고자 노력하고 있다.

---

[13] 서울대학교 국제학생회와 외국인 학생회와 공동으로 진행함.

(6) 출판, 사진전, 강연회: 프로네시스는 활동소식을 전하는 월간지를 매달 출판하고, 중앙도서관 내 터널에서 매년 1회 그 해의 봉사활동 사진을 전시하며, 봉사활동 관련 인사를 초빙해 강연회를 주최하고 있다. 최근에는 KOICA 인턴쉽 및 해외봉사 등과 관련된 강의를 하였다.

(7) 모금활동: 프로네시스는 1년에 1번 대규모 모금활동을 하고 있다. 특히 2008년부터는 관악구 내 아동들이 손쉽게 이용할 수 있는 한뼘 도서관 설립 모금활동을 전개하고 있다.

대표적인 나눔활동 사례: 나눔교실

다음에는 앞서 소개한 7개 나눔활동 중 나눔교실을 대표사례로 뽑아 좀 더 자세하게 살펴봄으로써 이러한 활동이 사회에 대해 어떠한 긍정적인 영향을 미치는지를 보여주고자 한다. 나눔교실은 2006년 창설된 이후 방학을 이용하여 서울대학교 학생들이 직접 소외계층지역의 학생들을 찾아가 미래에 대한 꿈과 희망을 심어주고, 학생들의 잠재력을 실현할 수 있도록 도와주는 것을 목적으로 하는 봉사 프로그램이다. 프로네시스는 현재 27개 지역의 43개 학교와 연계하여 나눔교실 활동을 전개하고 있다. 프로그램의 원활한 진행을 위해서 사전 답사나 설문 등이 방문 1~2달 전에 각 지역의 맞춤 프로그램을 위해 이루어진다.

1주일 정도 수련회 형식으로 진행하는 나눔교실은 기간이 짧기 때문에 특정 과목보다는 공부법을 주로 가르친다. 예를 들면, 수학을 쉽게 배우는 팁, 수학을 배우는 이유 및 필요성, 그리고 재미있게 공부할 수 있는 방법, 시간관리법 등을 가르쳐 준다. 이는 단기적인 성적 향상보다는 학생들이 공부를 하는데 있어서의 필요한 자립법을 가르쳐 주는 것으로 장기적인 향상을 그 목표로 하고 있다. 뿐만 아니라, 진로탐색, 자개소개서 쓰기 등도 친절하게 지도해준다. 이러한 활동을 하는데 있어서 서울대학교 학생이라는 점이 큰 장점이 작용하고 있다. 소위 말하는 명문대학교 대학생을 접해볼 기회가 없는 소외지역의 학생들에게 서울대학교에 다니는 학생들의 이야기는 그들에게 커다란 의미를 줄 수 있기 때문이다. 또한 서울대학교 학생들도 일반 학생과 다름이 없다는 이미지를 강조하여 아이들에게 열심히 하면 서울대학교와 같은 명문대학교에 입학할 수 있다는 자신감을 심어주기도 한다.

나눔교실의 봉사기간은 비록 1주일 정도로 짧지만, 활동내용이 굉장히 다양하고 많기 때문에 준비하는데 약 1개월 반 정도 기간이 걸린다고 한다. 온라인상으로 수시로 업데이트된 기획서 등의 자료를 업로드하고 하면서 다양한 방면에서 많은 사전 준비를 해야 한다. 나눔교실을 통해 소외지역의 학생들뿐 아니라 봉사자 자신도 자존감, 전공에 대한 탐색, 자신과 사회에 대해 생각할 기회를 갖게 되면서 학습노하우를 얻게 된다.

〈표 4-2〉 나눔교실 활동 시간표 예시(함안 지역)

<table>
<tr><th></th><th>8/3(월)</th><th>4일(화)</th><th>5일(수)</th><th>6일(목)</th><th>7일(금)</th></tr>
<tr><td></td><td rowspan="10">서울출발
함안도착</td><td colspan="4">아침식사</td></tr>
<tr><td rowspan="2">9:00~10:00</td><td>불어</td><td>중어</td><td>독어</td><td rowspan="8">수료식</td></tr>
<tr><td>휴식</td><td>휴식</td><td>휴식</td></tr>
<tr><td rowspan="3">10:00~11:00</td><td>진로검사</td><td rowspan="2">외국어</td><td rowspan="2">탐구영역</td></tr>
<tr><td>휴식</td></tr>
<tr><td>언어영역</td><td>휴식</td><td>휴식</td></tr>
<tr><td rowspan="2">11:00~12:00</td><td>휴식</td><td>주제토론</td><td>시간관리</td></tr>
<tr><td rowspan="2">수리영역</td><td>휴식</td><td>휴식</td></tr>
<tr><td>12:00~13:00</td><td>에그 Drop
설명</td><td>서울대생의
하루</td></tr>
<tr><td rowspan="2">13:00~14:00</td><td colspan="4">점심식사</td></tr>
<tr><td rowspan="3">준비시간</td><td rowspan="2">지도 그리고
휴식</td><td rowspan="3">과학실험</td><td>함안골든벨</td><td rowspan="9">함안출발</td></tr>
<tr><td rowspan="2">14:00~15:00</td><td>휴식</td></tr>
<tr><td rowspan="2">진로탐색검
사</td><td>운동회</td></tr>
<tr><td rowspan="2">15:00~16:00</td><td rowspan="4">OT
나를 알기
(50분)
포크댄스
조별 종례</td><td>휴식</td><td></td></tr>
<tr><td>휴식</td><td rowspan="3">상담/자기소
개서쓰기</td><td>휴식</td></tr>
<tr><td>16:00~17:00</td><td rowspan="2">CF 촬영</td><td rowspan="2">CF 발표 및
수상</td></tr>
<tr><td>17:00~18:00</td></tr>
<tr><td></td><td></td><td colspan="3">저녁 식사</td></tr>
<tr><td></td><td></td><td></td><td>모이면접</td><td>화합의 밤</td></tr>
</table>

주: 이 표는 2010년 2학기 '기업과 사회적 책임'수업의 제8강 프로네시스 회장 김은희 학생 의 특강자료를 활용한 것임.

예를 들면, 어느 지방의 중학교는 한 학년 학생이 10명 정도 밖에 되지 않는다. 또한 해당 지역에 중학교가 비록 2개밖에 없지만, 지역의 고령화로 인해 학생의 숫자가 줄어들어 유치경쟁이 매우 치열하다. 특히 학업에 뜻이 있는 학생들은 더 큰 도시로 가기 때문에 학생 유치에서 많은 어려움을 겪고 심지어 폐교의 위기에 직면하고 있어 교육적인 질도 저하되고,

이로 인하여 학생 유치가 갈수록 어려워지는 악순환이 진행된다. 그러나 나눔교실 활동을 통해 서울대학교 학생들이 꾸준히 해당 학교를 방문한다는 소식이 퍼지자 학생지원 수가 10명에서 15명으로 늘어났다는 사실이 뒤늦게 알려졌다. 비록 일반 사람이 보기에 보잘것없는 숫자이지만, 해당학교의 입장에서는 지원율이 50%나 상승하였으므로 굉장히 큰 성과인 것이다. 따라서, 짧은 시간의 나눔교실 활동은 학생에게 인생의 전환점이 될 수도 있고, 더 나아가서 해당 학교 및 지역에 다양한 파급효과도 가져 올 수 있음을 보여준다.

더불어, 이 프로그램을 통하여 내성적이고 소극적이었던 학생들이 자신감을 얻고 열심히 하면서 스스로 자신감을 얻는 경우도 많다고 한다. 또한 나눔교실에 참여한 학생들에게 다양한 SNS 방법을 통해 지속적으로 멘토링을 한다. 실제로 나눔교실 활동을 통해 자극을 받아 열심히 공부하여 서울대학교에 입학한 실제 사례도 있다. 이런 학생들이 다시 나눔교실에 참여하여 자신의 경험담을 후배 학생들과 공유할 때 더 의미가 있게 된다.

나눔의 분석모델을 통한 평가

수여자: 앞에서 소개한 보다 전문성이 높은 대학의 나눔활동에 비해 프로네시스는 특별한 기술이 없더라도 나눔의 의지와 열정을 가진 학생들이 모두 참여할 수 있는 단체로서 봉사자의 폭이 넓다. 봉사자들은 봉사활동을 통해 기쁨을 얻을 뿐만 아니라 자신의 재능기부를 통해 자존감, 전공에 대한 탐

색 및 자기발전의 기회를 갖게 되었다.

수혜자: 프로네시스의 봉사프로그램들은 비록 기간이 짧고, 대부분 일회성에 지나지 않지만, 프로그램들은 수혜자들의 장기적 자립을 고려하여 구성되어 있다. 예를 들면, 나눔교실에서 봉사자들은 학생들에게 단기적인 성적을 올리는 방법보다는 학생들이 스스로 공부를 하는 자립하는 방법을 가르친다.

지원 방식: 프로네시스는 물품과 같은 직접적인 지원보다는 교육을 위주로 하는 간접지원을 한다. 교육지원활동은 좁게는 소외지역의 어린이들에게 올바른 꿈을 갖게 하고, 넓게는 지역의 발전에까지 긍정적인 영향을 주기도 한다. 예를 들면, 서울대학교 학생들이 다녀간 이후 해당 학교의 명성이 높아지는 등의 긍정적인 효과가 있었다. 이와 같은 수혜자에 대한 지원활동 외에 봉사활동을 하고 싶은 수여자를 연결하고 추천하는 봉사활동 지원역할도 하고 있다.

경영마인드: '나눔데이'와 같이 더 많은 학생들에게 홍보하여 봉사활동의 양적 성장을 추구하고 있다. 질적으로 프로그램들의 기간이 짧고 지속성이 부족하여 수혜자의 피드백을 받고 이를 바탕으로 봉사활동의 효율성을 개선하는 등의 노력은 아직 부족하다. 또한 대부분 학생들은 봉사활동에 대한 만족감, 이를 통한 자기발전의 여부, 수혜자의 발전 등 질적 성과를 이루고자 하는 노력을 더 할 필요가 있다.

2009년 학생봉사활동백서에 따르면 서울대학교 학생 3명 중 1명이 자원봉사 활동에 참여한다고 한다. 즉, 학부생

35.8%가 자원봉사에 참여한다는 것이다. 사실 이 숫자에는 꽤 많은 중복이 있다. 일반적으로 자원봉사를 하는 사람들은 한 사람이 다수의 활동에 참여하는 경우가 많다. 따라서 실제 자원봉사에 참여하는 서울대학교 학생은 그렇게 많다고 볼 수 없다. 진정한 자원봉사활동은 지속적이고 정기적으로 나눔에 참여하는 것을 의미한다. 단발적이며 일시적인 자원봉사활동이 아닌 지속적인 나눔활동에 참여하는 사람은 아직 너무도 적다. 자원봉사에 있어서 중요한 것은 횟수, 사람 수보다는 지속성이다.

"한 개의 촛불로서 많은 촛불에 불을 붙여도 처음의 촛불 빛은 약해지지 않는다"는 말이 있다. 손해를 본다거나 희생을 한다는 것보다는 나눔 자체가 사회구성원으로서 해야 할 당연한 의무가 되어야 한다는 것이다. 나눔이라는 것이 어려운 것이 아니다. 지속적으로 나눔에 관심을 가지는 학생이 많아지기를 바란다.

7. 서울대학교의 사회적 책임활동에 대한 종합 분석

나눔은 내용에 따라 지식 나눔, 일손 나눔, 현물/자본 나눔, 문화예술 나눔 등으로 다양하게 구분할 수 있다. 지식 나눔에는 어린이 경제교육, IT 서포터즈 등이 있고 일손 나눔에는 사랑의 집 짓기 운동, 환경오염, 지역 정화활동 등이 있다. 그리고 현물/자본 나눔에는 사랑의 열매와 같은 공동모금이나 자선바자회 활동이 포함된다. 마지막으로 문화예술 나눔에는 세종문화회관에서 실시한 1,000원 공연이나 이와 비슷한 무료 또는 저렴한 비용의 예술 공연을 제공하는 방법이 있다.

앞서 소개한 6개 사례 중 라파엘클리닉, 국경없는 기술자회, 국경없는 교육가회, 찌아찌아족 한글 보급 등 사회적 책임 활동들은 상대적으로 전문성이 높은 지식 또는 기술 나눔에 속하고, ANS는 문화예술 나눔에 해당하며, 프로네시스의 나눔실천활동은 지식 나눔과 일손 나눔에 해당한다. 한편 대학은 비영리기관으로서 예산의 한계가 있기 때문에 현물이나 자본을 이용한 나눔보다는 지식, 기술, 재능, 문화예술 등과 같은 대학의 지적 자산을 활용하여 봉사활동을 수행하고 있다.

봉사 단체는 여러 방법을 통해서 설립된다. 예를 들어, 앞에서 언급했던 6개의 사례는 모두 뜻이 맞는 사람들이 모여서 활동을 하면서 단체로 결성된 경우이다. 이들 단체들은 서울대학교 교수 또는 학생들이 주체로 창립되었지만 이제는 서울대학교 교수 또는 서울대학교 소속자가 아니어도 회원이 되어 함께 봉사활동을 할 수 있다. 또한 이들의 활동범위는 국내로 국한되어 있지 않고, 국경을 넘어 해외지원활동도 적극적으로 추진하고 있다. 특히 국경없는 과학기술자회, 국경없는 교육가회, 한글 보급의 경우에는 처음부터 제3세계의 빈곤 국가 또는 지역을 봉사활동의 지원대상으로 하고 있다.

제3세계 국가들은 물, 에너지, 농업 관련 분야와 관련된 원조가 가장 절실하다. 농업문제는 물과 밀접한 연관성을 가지고, 물 문제를 해결하려면 에너지 문제가 따라온다. 즉 이러한 분야들은 서로 연결되어 있다. 또한 가장 기본적인 의

식주뿐만 아니라 자립문제까지 해결하려면 그 지역의 교육문제, 의료문제 등이 중요하다. 이러한 모든 분야를 함께 포함하여 종합적인 봉사지원활동을 할 수 있는 가장 적합한 곳이 바로 대학이다. 기업은 이윤창출을 목적으로 하기에 지원대상이나 활동영역 또는 분야에서 큰 제약을 받고, 정부는 여러 이익관계를 모두 고려해야 하기 때문에 봉사를 하는데 있어 한계성을 가진다. 그러나 대학은 지식을 전수하고 창출하는 가장 혁신적인 기관이고 또한 끊임없이 인재를 산출함으로써 지원활동 분야와 활동영역에서 다른 기관에 비해 비교우위를 갖고 있다.

대학의 이러한 비교우위를 기반으로 앞에서 설명한 사례들에서 보았듯이 우리 대학은 매우 훌륭한 사회봉사 활동을 많이 하고 있다. 그러나 경영마인드가 부족하여 봉사활동이 체계적이지 못하고 효율성이 낮은 것은 모든 사례의 공통적인 문제점으로 나타났다. 사람들은 흔히 봉사의 경우, 기업의 이윤창출과는 달리 남을 도와준다는 미명하에 효율성의 중요성을 소홀히 한다. 그러나 더 효율적인 방법으로 나눔활동을 한다면 더 좋은 방향으로 개선할 수 있다. 효율적인 방법이란 구체적으로 이 책에서 제시한 '나눔의 분석모델'의 네 가지 요소를 모두 활용하는 것을 말하지만 특히 중요한 것은 수혜자는 물론 수여자도 (심리적 또는 물질적) 혜택을 얻어야 한다는 것이다. 만약 그렇지 못하다면 수여자의 나눔 동기가 약해져서 지속적인 나눔활동을 하기가 힘들게 될 것이다. 이러한 문제점을 해결하고 한국 대학의 사회적 책임활동의 효율성을 높이기 위해서, 다음 장에서는 오랜 사회봉사 역사를 가진 미국 유수 대학의 사회적 책임활동을 살펴보고, 유용한 시사점을 도출해 보겠다.

5

미국 주요 대학의 사회적 책임

구체적인 대학 사례를 살펴보기 전에 우선 미국 대학자원봉사 연합협의회(Campus Compact)의 통계자료를 통해 미국 대학들의 사회봉사활동의 일반적 현황을 살펴보도록 하자. 대학자원봉사 연합협의회는 대학 간 자원봉사활동의 협의와 공조를 위해 1985년에 창설된 협의체이다. 대학자원봉사 연합협의회에서 2012년에 진행한 설문조사결과에 따르면, 설문대상 대학교 중 95%가 봉사학습 과목을 개설하고 있고, 대학당 평균 약 66개를 개설하고 있다.

또한 봉사학습 과목 개설에 참여한 교수는 학교 전체의 7%를 차지하고 있는데, 이는 2009년의 6%에 비해 약간 상승한 비율이다. 교수의 사회봉사 참여 지원에 대한 질문에서 68%의 대학이 교수의 봉사학습 과목 개설 및 지역사회기반

연구에 재정적 지원을 주고 있다고 밝혔다. 한편, 대학생 봉사프로그램에서 주요 다루는 이슈들은 교육, 빈곤(기아와 주택문제), 보건(정신적 건강, 어른이 돌보기, 영양), 환경보호, 아동 보호 등이 있다(〈그림 5-1〉 참고). 현재 미국의 대학에서 대학 당 평균 44% 학생이 지역봉사활동에 참여하고 있으며, 이 봉사활동의 경제적 가치를 계산하면 약 97억 달러에 달한다.

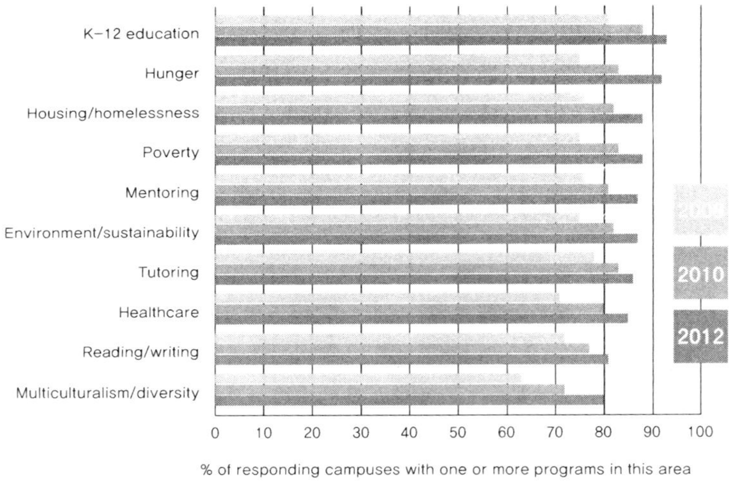

〈그림 5-1〉 미국 대학에서 학생 봉사활동이 주로 다루는 이슈의 년도별 변화
출처: Campus Compact (2012)

이 장에서는 미국의 하버드, 스탠포드, UC 버클리, MIT, 워싱턴 대학 등 5개 대학을 선정하여 좀 더 구체적으로 대학별 사회봉사활동을 살펴보겠다. 미국 대학들은 주로 별도의 사회봉사센터를 설립하여 사회봉사활동을 전문적으로 관리하

고 운영하고 있다. 따라서 이 5개 학교의 사회봉사센터의 봉사활동을 주로 조사해 보고, 이와 더불어 각 학교에 특성에 따른 기타 봉사활동도 살펴보도록 하자. 다음의 〈표 5-1〉에서 볼 수 있듯이 각 학교의 사회봉사센터는 모두 봉사와 학습의 이중효과를 강조하지만, 학교에 따라 약간씩 차이를 보인다. 예를 들면, 하버드 대학은 둘 다 강조하는데 반하여, MIT와 워싱턴 대학은 학습을 강조하고, 스탠포드와 버클리 대학은 봉사를 강조 하고 있다.

〈표 5-1〉 5개 대학 봉사센터의 미션

대학	봉사센터	미션
하버드	Phillips Brooks House Association	Draw upon the creative initiative of students and community members to foster collaboration that empowers individuals and communities
스탠포드	Haas Center for Public Service	To realize a just and sustainable world through service, scholarship, and community partnerships
MIT	MIT Public Service Center	To motivate, facilitate, and celebrate the ethic and activities of public service at MIT
UC 버클리	UC Berkeley Public Service Center	To act for social justice, build healthy communities, and foster life-long commitments to public service
워싱턴	Carlson Leadership & Public Service Center	To incorporate academic coursework with community-based learning and leadership

출처: 하버드 대학, http://pbha.org/about/history/; 스탠포드 대학, http://studentaffairs.stanford.edu/haas/ about/mission; MIT 대학, http://web.mit.edu/mitpsc/whoweare/mission.html; UC버클리 대학, http://publicservice.berkeley.edu/about; 워싱턴 대학, http://www.washington.edu/carlson/about-the-carlson-center/

1. 하버드 대학의 사회적 책임[1]

하버드 대학의 사회적 책임활동은 오랜 전통을 가지고 있다. 하버드 대학은 우수한 교수, 학생, 그리고 시설 설비를 이용하여 사회적 책임활동을 진행하고 있으며, 음악과 예술, 운동경기와 스포츠, 주변지역 고용과 창업, 교육, 보건과 건강, 연구와 혁신, 환경과 지속적 발전, 다문화 발전 등 다양한 주제와 분야에서 봉사활동을 해 오고 있다. 지역적 범위로는 하버드 대학의 알스턴-브라이튼(Allston-Brighton), 보스턴, 캠브리지, 보스턴 주변 광역지역, 전국적 지역 등을 대상으로 사회봉사활동을 진행하고 있다. 하버드 대학에서는 Phillips Brooks House Association(PBHA), Public Service Network(PSN), 그리고 Institute of Politics(IOP) 등의 단체들을 통해 자원봉사에 참여하고 있다. 이러한 봉사 단체들은 Center for Public Interest Careers(CPIC) 및 Office of Career Services(OCS)와 함께 학생들이 시간적 여유가 많은 여름방학 기간에 공익을 위한 봉사활동 기회를 제공한다. 이러한 조직들의 주요활동에 대해 보다 구체적으로 살펴보도록 하겠다.

---

1 하버드 사례작성에 있어서 아래 홈페이지를 참고함. Harvard College Public Service, http://www.publicservice.fas.harvard.edu/icb/icb.do; Phillips Brooks House Association, http://www.pbha.org/; Harvard Public Service Network, http://www.psn.fas.harvard.edu/icb/icb.do; Harvard Institute of Politics, http://www.iop.harvard.edu/; Harvard Office of Career Service, http://www.ocs.fas.harvard.edu/.

Phillips Brooks House Association(PBHA)

PBHA는 학생이 자발적으로 기획하고 운영하며, 지역사회를 중심으로 하는 비영리 공공서비스 조직이다. PBHA는 하버드 대학뿐만 아니라 미국 전역의 대학교를 대상으로 하며, 미국에서도 가장 오래되고 규모가 가장 큰 학생봉사단체이다. PBHA는 하버드 대학교 졸업생이면서 다양한 사회공헌 활동을 한 Phillips Brooks 목사를 기념하기 위해 그의 이름을 따서 지은 것으로서 1893년에 설립되었다. 설립초기에는 종교적 색채가 강했지만, 1904년부터는 일반적 봉사의 의미를 더 강하게 띤 단체로 변화하기 시작했고, 1950년대 이후부터는 현재의 형태를 갖추기 시작했다. 현재 86개의 프로그램을 운영하고 있고, 각 프로그램 당 한 명의 상근 행정직원을 두어 지원하고 있다.

PBHA는 1, 2학년 학부생을 대상으로 회원을 모집하는데 매년 약 50%에 이르는 학생이 봉사활동에 참여하고 있다. PBHA는 성인 서비스 프로그램(Adult Service Programs), 법률, 조직, 주택, 보건 관련 프로그램(Advocacy, Organizing, Housing, and Health Programs), 학내 및 방과후 프로그램(Afterschool and Inschool Programs), 멘토링 프로그램(Mentoring Programs), 여름 캠프(Summer Urban Program), 기타 여름 프로그램(Other Summer Programs) 등 6개로 구성되어 있으며, 그 외 다수의 프로그램을 연중 계속해서 진행하고 있다. 특히 주변 지역과의 협력에 하에 그들이 필요한 자원을 지원하는 것을 지침으로 하고 있다. 즉, 일방적으로 지역주민에게 봉사를 하는 것보다는 그들과 함께 공동으로 작업하는 것을 기본방침으로 한다. 여름 캠프를 제외한 나머지 프로그램들은 대부분 연중 주 단위로 방문하거나 봉사활동을 진행한다.

PBHA의 프로그램은 80여개나 되지만, 서로 반복되거나 중복되지 않고 서로 다른 수혜자를 대상으로 봉사를 하거나, 수혜자가 동일하더라도 서로 다른 측면의 수요에 초점을 맞추어 봉사활동을 실시하고 있다. 예를 들면, 성인 서비스 프로그램 아래 16개의 하위 프로그램이 있는데 이민자, 난민자, 수감자, 교화과정 후 다시 사회로 돌아올 사람들, 불우자, 노인 등 다양한 사람들을 대상으로 자원봉사 활동을 진행하고 있다. 또한 PBHA's Chinatown ESL와 PBHA's Chinatown Citizenship는 모두 Chinatown의 중국이민자들을 대상으로 하지만, 전자는 주로 영어 능력의 향상에 초점을 둔 반면, 후자는 중국이민자들이 미국문화에 적응하는 데에 도움을 주는데 초점을 둔다. 이와 같이 프로그램들이 세분화되어 소외계층들의 다양한 수요를 만족시키고 있다.

PBHA의 재정원천은 다양하다. 기부금, 헌물, 타 기관의 기부금 또는 보조금 등이 주요 원천이고, 이는 전체 재정수입의 70%이상을 차지하고 있다(PBHA, 2012). PBHA는 특히 정보수집, 추적, 및 공유 시스템을 강화하기 위해 새로운 기술의 도입을 적극적으로 추진하였다. 예를 들면, 온라인 Budget

Expense System Tracking 보고서를 도입함으로써 개별 프로그램의 예산을 세우는데 정확성을 높이고 또한 프로그램 별 수입과 지출에 대한 추적을 강화하였다. 한편, 내부 교류를 강화하기 위해 PBHA는 내부 정보망을 개발하고 이를 통해 모든 프로그램 책임자들이 프로그램 최근 진행상황을 업데이트할 수 있도록 했다. 더불어 외부와의 교류를 개선하기 위해 새로운 메일 마케팅 시스템인 MailChimp를 개발하였는데, 메일 수신 대상자를 후원자, 동창생, 봉사자 등 PBHA와의 관계에 세분화하여 마케팅 전략 달리 한다는 특징을 가지고 있다.

Public Service Network(PSN)

PSN은 직접적이면서도 다양한 서비스와 교육프로그램을 통해 학생 봉사단체를 지원하고 조언을 해주는 역할을 한다. 현재 PSN은 하버드 대학교 학부의 50여 개 독립된 학생 봉사 단체를 지원하고 있다. 학부생들은 이러한 봉사단체들을 통해 다양한 봉사 프로그램에 참여하고 있다. PSN은 학생회의 인정을 받은 학생조직을 지원하고, 사회봉사 의향이 있는 학생에게도 원하는 봉사활동과 맞는 봉사단체를 연결하는 등의 지원을 한다. PSN은 봉사단체에게 필요한 재정의 일부만 지원하기 때문에 많은 봉사단체들은 대학 외 재단이나 기업으로부터 기금을 받기도 한다. 봉사단체에 대한 금전적 지원에는 President's Public Service Fund, Operating Grant/Project Grant, COOP Public Service Fund, The Memorial

Church, Weatherhead Center for International Education, PSN Transportation Grant 등의 보조금이 있는데 금액은 일반적으로 1,000달러 이하를 원칙으로 하고 있으나, 상황에 따라 변동이 있을 수 있다. 교외 비영리조직에서 일하고자 하는 근로학생들에게는 개인보조금을 지원하기도 한다.

Institute of Politics(IOP)

IOP는 Kennedy 대통령을 기념하고, 대학생들이 정치와 공공 서비스 관련 직장에 대한 관심을 높이기 위해 1966년에 설립되었다. 학생들은 IOP를 통해 하버드 대학교에 고용되어 일하는 사람들이 미국 시민권 획득하는데 필요한 도움을 제공하고 5-8학년(초등학교 고학년과 중학교)학생에게는 미국 시민으로서의 권리, 의무, 그리고 특권 등을 가르치고 있다. 또한 IOP에 참여하는 학생들은 지역사회행동위원회(Community Action Committee)와 기타 프로그램에 참여하여 자신들의 정치참여 및 인식을 높이기도 한다. 구체적으로 아래와 같은 프로그램이 포함되어 있다(〈표 5-2〉 참고).

〈표 5-2〉 IOP의 주요 프로그램

프로그램	내용
Citizenship Tutoring	Aiming to combine public service and policy discussion, specifically with regard to the issue of immigration
Civics	Teaching civics and government classes to inspire students to take an active role in their communities and grow into participants in our democracy
Community Action	Helping Harvard students impact the political process by taking action in their community
Internships and Career Services Program	Helping undergraduates broaden their understanding of different career opportunities in public service
New Frontier Awards	Honor young Americans who are changing their communities - and the country - with their commitment to public service
Survey	Studying attitudes of young Americans toward politics and public service

출처: IOP 프로그램, http://www.iop.harvard.edu/program-overview
주: IOP 총 15개 프로그램 중 5개 대표적인 것을 뽑아 열거한 것임.

Center for Public Interest Careers(CPIC)

CPIC는 하버드 대학교 학생과 최근 졸업생이 공공서비스 관련 직업에 대한 관심과 종사를 높이는 것에 중점을 두면서 봉사활동을 한다. CPIC는 대학, 졸업생, 그리고 지역 파트너와 협력하여 공공서비스 관련 보조금, 인턴, 네트워크, 그리고 개인 및 전문직 발전에 있어서의 기회를 마련해 준다. 매년 CPIC는 150여 명의 학생에게 비영리조직이나 공공기관에서 직무 경험을 할 수 있도록 기회를 제공한다. 이러한 프로그램을 통해 학생들은 예술, 공익법, 저널리즘, 환경, 의료연구, 교육, 주택과 도시개발 등 관련 분야에서 일자리를 구하게 된다.

〈표 5-3〉 CPIC의 주요 프로그램

프로그램	내용
CPIC Fellowship and Internship Program	Offering placements at a wide-range of non-profit and public interest organizations in seven cities across the U.S.
Harvard Clubs Summer Community Service Fellowship Program	Providing funding to students who are doing service in Clubs' local community
Arthur Liman Public Interest Law Fellowship Program	Providing funding for students working in public interest law positions during the summer
Summer Work-Study Grant for Public Service	Providing work-study funding for students working at non-profit organizations across the country

출처: CPIC 프로그램, http://www.cpic.fas.harvard.edu/icb/icb.do?keyword=k75965&tabgroupid=icb.tabgroup117444

Office of Career Services(OCS)

OCS는 연중 공공 서비스를 주제로 하는 각종 행사를 주최하고, 매일 학생들이 별도의 예약 없이 언제나 와서 상담 받을 수 있다. 특별히 더 상세한 상담을 받고자 하는 학생들은 예약을 하면 해당 OCS 카운슬러에게 상담 받을 수 있다. 이 단체는 대학원생 펠로우십과 여름 인턴십을 위한 자금 관리 역할 외에 봄에 진행하는 '한달 기간의 봉사활동(a month-long series of public service)들을 후원하기도 한다. 이러한 봉사활동의 주요내용은 국내외 인턴십, 연방기관에서 일하기, 봉사재단, 그리고 자선관련 또는 기업의 사회적 책임 부서 등에서 일하기 등이 포함되어 있다.

2. 스탠포드 대학의 사회적 책임[2]

스탠포드의 사회봉사 활동에는 교내(on-campus)의 봉사 학습 과목에서 교외(off-campus) 연구, 지역사회기반 리더십 프로젝트에 이르는 다양한 공공서비스 및 지역사회봉사(community service)의 기회를 제공하고 있다. 스탠포드 대학교의 사회봉사활동을 추진하는데 있어서 자원봉사를 전담하는 기구로 Haas Center for Public Service(이하 하스 센터)가 있고, 학문과정과 사회봉사를 결합한 다양한 봉사학습 과정이 구비되어 있으며, 그 외 학생들의 봉사활동을 지원하는 각종 펠로우십이나 장학금 프로그램이 있다. 이들의 구체적인 활동 내용과 운영과정은 다음과 같다.

Haas Center for Public Service

스탠포드 대학에서 학생들이 사회봉사활동에 참여하는 주요 방식은 학생봉사단체에 가입하는 것이다. 캠퍼스 내에 100여 개 봉사조직이 있는데, 하스 센터는 그 중의 대표적인 봉사조직이다. 하스 센터는 1985년에 Donald Kennedy 스탠포드 대학 총장에 의해 설립되었는데, 사회봉사, 장학금 지원,

2 스탠포드 대학 사례작성에 있어서 아래 홈페이지를 참고함. Stanford Public Service & Community Service, https://undergrad.stanford.edu/opportunities-research/public-community-service; Haas Center for Public Service, http://studentaffairs.stanford.edu/haas.

그리고 지역과의 파트너십을 통해 공정하고 지속적인 사회발전에 이바지하는 것을 목표로 한다. 스탠포드 대학 학생들의 관심, 교수들의 능력, 그리고 지역사회의 수요를 바탕으로 하스 센터의 봉사활동은 구체적으로 교육기회와 교육균등 향상, 환경의 지속적 발전 향상, 보건 의료 수준 향상 등 3가지 분야에 중점을 둔다.

하스 센터의 지원을 받는 봉사프로그램에는 다음과 같이 6가지 종류가 있다. 첫째, 실천활동. 개인 또는 단체의 실천활동을 통해 타인 또는 사회에 영향을 준다. 둘째, 지역봉사 장학금. 대학 장학금과 공공/민간 부문 자원을 연결하여 사회핵심 이슈에 대한 지식을 풍부하게 하고, 공익에 기여한다. 셋째, 직접 서비스. 개인 시간, 에너지 또는 자원을 기부하여 지역에서 당면한 이슈를 다룬다. 넷째, 자선. 개인이나 조직에 대한 기부를 통해 공익에 기여한다. 다섯째, 정책/정치. 민주주의적 자치과정에 참여한다. 여섯째, 사회적 기업. 윤리 및 효율적 경영실천을 도입하고 사회적 문제를 해결하기 위한 친시장적 대응방식을 취하는 조직구조를 새로 만들거나 확대시킨다. 하스 센터에서 제공한 봉사 프로그램은 〈표 5-4〉와 같다. 하스 센터는 이외에도 학생들을 위해 각자에게 맞는 봉사활동이나 기회를 소개해 주거나 연결해준다.

〈표 5-4〉 Haas Center for Public Service의 주요 프로그램

프로그램	내용
Community-based Research Fellows	Supporting teams of faculty, students and community partners in conducting research that addresses community-identified needs
Community Service Work-Study	Providing an opportunity for students to participate in a significant service experience while earning a portion of their financial aid award
East Palo Alto Stanford Academy	Offering a full two-year learning opportunity for seventh- and eighth-grade students in the Ravenswood City School District
Undergraduate Fellowships Program	Offering resources for Stanford undergraduates who wish to make contributions to public service organizations and communities
Impact Abroad	Providing the opportunity to students who have not traveled extensively or participated in an international service-learning experience
JusticeCorps	Receiving intensive training throughout the year to provide in-depth and individualized legal services to self-represented litigants
Postgraduate advising and career resources	Supporting students to pursue first jobs in the public interest through focused events and resources, fellowship awards, individual advising, and alumni connections
Public Service Leadership Program	A three-quarter program open to sophomores, juniors and seniors from any major who are actively involved with a public service project
Public Service Scholars Program	A year-round program supporting students' efforts to write a thesis that is useful to specific community organizations or public interest constituencies
Ravenswood Reads	Helping elementary students develop language and literacy skills
Science in Service	Providing Stanford students a unique opportunity to learn about and participate in science outreach
Service-Learning Courses	Courses in a form of experiential education in which students engage in activities that address human and community needs

출처: 스탠포드 대학교 하스 센터, http://studentaffairs.stanford.edu/haas/about/ataglance

또한 교수들이 봉사학습과 관련된 수업을 개발하거나 지역수요에 초점을 두는 연구 등의 활동에 참여하는 것을 도와준다. 하스 센터는 워크숍, 조언, 그리고 보조금(최고 3,000달러)을 통해 봉사학습 수업에 참여하고자 하는 교수들을 지원한다. 한편으로 Community-based Research Fellows Program은 교수, 학생, 지역 파트너의 협력을 통한 지역사회의 수요에 맞는 연구를 증진하기 위해 교수와 지역 파트너에게는 각각 1,000달러, 학생에게는 400달러에서 5,600달러까지 지원하고 있다.

그 외 하스 센터는 공공 서비스와 관련된 많은 연구 프로그램들을 지원한다. 학생들은 교수 또는 다른 학생들과 협력하여 자신이 설계한 연구 프로젝트를 시작할 수 있다. 이러한 연구 프로젝트는 하스 센터의 다양한 장학금과 펠로우십을 통해 재정적 지원을 받을 수 있다. 예를 들면, Andrea Naomi Leiderman Fellowship은 어린이와 청년에 대한 교육관련 주제의 학생연구를 지원한다. 이는 특히 북 캘리포니아지역의 혜택을 받지 못한 주민을 돕기 위한 것이다. Public Service Scholars Program은 1994년에 설립되었고 이는 학생들이 우수졸업논문(honors thesis)을 통해 그들의 학문적 관심과 연구분야를 공공 서비스와 연결시키기 위해 설립한 장학 프로그램이다. 이를 통하여 지역기관 또는 공익기관이 학생들의 연구결과를 구체적으로 활용할 수 있도록 한다.

〈표 5-5〉 봉사학습 교과의 주요 지표

지표	내용
Community Partner Preparation for Service	There is a clearly identified community partner with whom course expectations have been clarified.
Student Preparation for Service	The syllabus or related course assignments clearly articulates how students will be prepared for the service experience.
Service Benefits Community partner	Student service work directly relates to a community's identified need and benefits partner organization.
Integration of Service and Academic Coursework	The course includes an assignment that demonstrates the integration of service work and academic course content.
Reflection	Students engage in a carefully articulated reflection process around the ethical and civic dimensions of the service, the discipline, and themselves.

출처: 스탠포드 대학교 하스 센터, http://studentaffairs.stanford.edu/haas/faculty/service-learning/designation

다음에는 하스 센터 외의 기타 대표적인 봉사활동들을 알아보겠다.

봉사학습(service learning)

스탠포드 대학교의 교수들은 많은 봉사학습 수업을 개발하였는데 이러한 수업들은 현지 학교, 비영리 조직, 그리고 정부 기관에게 직접적인 사회봉사를 제공한다. 다른 일부 수업들은 이미 봉사에 참여하고 있는 학생들의 봉사활동 효율성을 강화하는데 목적을 두고 있기도 하다. 또한 일부 수업들은 사회봉사 필드워크나 인턴을 하는 데 있어서 필요한 이론적 배경, 학문적 능력을 중점으로 강의한다. 한편, 지역공동체 글쓰기 프로젝트(Community Writing Project)는 지역사회의 비영리단체나 정부 기관의 목적과 이익에 맞는 글, 구술자료, 비디오, 멀티미디어 프로젝트를 만들어 지역단체에 봉사하는데 초점을 맞춘 수업이다.

Off-Campus Community Service

스탠포드 대학교는 두 가지 교외 봉사활동의 기회를 제공하는데 하나는 일주일을 기간으로 하는 spring break service trip이고 다른 하나는 3개월 정도의 기간 동안 인턴쉽을 하는 워싱턴 인턴이다. 전자는 직접적인 봉사실천활동, 경험을 통한 학습, 그룹 토론과 개별 학생들을 복잡한 사회와 문화관련 이슈를 직접 겪게 하여 학생들이 사회적 변화를 몸소 체험하게 하는 데에 있다. 후자는 워싱턴 지역에 있는 정부조직에서 인턴과 봉사를 하는 프로그램이다.

3. MIT 대학의 사회적 책임[3]

MIT 대학 미션의 핵심은 '국가와 전 세계에 대한 봉사'라고 명시하였다. MIT 대학에는 총 70여개 봉사활동 관련 프로그램이 있는데 과학 및 공학 분야에 주로 집중되어 있고, 고등학교 또는 고등학생이 봉사활동의 주요 수혜자이고, 활동지

[3] MIT 대학 사례작성에 있어서 아래 홈페이지를 참고함. MIT Public Service Center, http://web.mit.edu/mitpsc/; D–Lab, https://d-lab.mit.edu/; MIT Community Service Fund, http://csf.mit.edu.

역은 MIT 대학 캠퍼스를 포함한 캠브리지 지역에 주로 분포되었다. 봉사활동에 관심을 가진 사람들은 관심분야, 프로그램 참여자, 활동 지역, 기간 등 기준에 따라 자신에 맞는 세부 프로그램을 선택할 수 있다. 〈그림 5-2〉의 예시와 같이 봉사분야가 사회과학, 봉사대상이 9-12학년 학생, 봉사지역이 캠브리지와 보스턴 외의 미국, 기간은 주말 또는 방학을 선택하면 이러한 조건들을 만족한 프로그램이 3개가 검색된다.

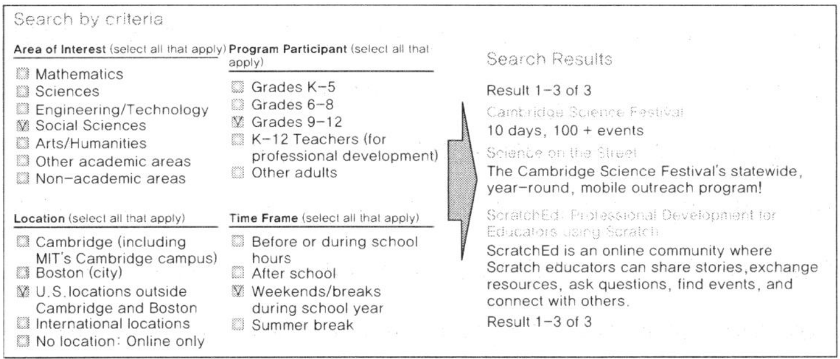

〈그림 5-2〉 MIT Outreach Directory

출처: MIT Outreach Directory, http://mitpsc.mit.edu/outreach/

D-Lab

MIT 대학의 봉사프로그램 중 60% 이상이 학문과 관련되어 있어 학생 또는 교수들이 봉사활동을 통하여 자체 역량을 강화하는, 즉 봉사학습(service-learning)의 성격이 매우 강한 것이 특징이다. 이러한 봉사학습의 대표적인 프로그램은 D-Lab으로서 세계의 많은 대학들이 벤치마킹 대상으로 꼽고 있다. D-Lab은 MIT 기계공학 강사인 Amy Smith가 2003년에 개설한 강좌로서 매년 수많은 아이디어들을 개발하여 활용한 MIT에서 가장 인기 있는 강좌 중 하나이다. 이 강좌의 가장 큰 특징은 이론과 실습의 통합이다. 학생들은 학기 중 수업에서 배우거나 개발한 좋은 아이디어들을 방학기간에 개발도상국 현지에 가서 직접 현지의 수요에 알맞게 디자인하여 실제로 활용할 수 있도록 하는 데에 초점을 맞추고 있다.

D-Lab은 건강, 에너지, 폐기물관리, 농업, 보조기술을 위주로 한 디자인 수업 외에 창조성, 공동 설계, 다문화 대화, 공급망 관리, 그리고 비즈니스 벤처개발의 원칙을 포함하는 수업을 제공한다. D-Lab을 통해 개발한 기술은 빈곤지역 사람들의 생활을 개선하는데 큰 영향을 미친다. D-Lab은 Creative Capacity Building, International Development Innovators Network, Comprehensive Initiative for Technology Evaluation, Scale-ups, Youth Outreach 등 5가지 필드 활동으로 구성되어 있다.

〈표 5-6〉 D-Lab의 5가지 필드 활동

필드 활동	내용
Creative Capacity Building	Encouraging people living in poverty to become active creators of technology, through a hands-on curriculum that is accessible at any educational level
International Development Innovators Network	Seeking to create low-cost, high-impact technologies and ventures, through design summits, innovation centers, business incubators, and a growing network of over 200 innovators in 20 countries
Comprehensive Initiative for Technology Evaluation	Developing rigorous methodologies for evaluating technological solutions to challenges in the developing world, which helps donors and policy makers to identify and invest in the most effective solutions
Scale-Ups	Helping bring technologies to market for large scale social impact, through a fellowship program for MIT graduates, technical assistance to developing-world social entrepreneurs
Youth Outreach	Focusing on Hands-on Invention Education and working with primary and secondary school teachers to develop curricular materials that build the confidence and skills

출처: D-Lab, http://d-lab.mit.edu/about

MIT Public Service Center(PSC)

MIT 대학에는 다양한 봉사프로그램 외에 이러한 프로그램을 지원하는 단체나 조직들도 있는데 MIT Public Service Center(PSC)가 그 중의 대표적인 조직이다. PSC의 주요 역할은 MIT 대학 학생, 교직원이나 단체들이 사회봉사 활동에 대해 정보, 자금 등 측면에서 지원을 한다. 매년 수천 명의 학생들을 주변지역, 전국 방방곡곡, 전세계 각지로 보내어 학생들이 학교에서 배운 지식과 기술을 활용하여 생활수준의 향상에 봉사할 수 있도록 배려한다. PSC는 MIT학생들의 관심 분야, 능력, 그리고 기타 요구에 맞는 광범위한 봉사활동을 지원한다.

MIT Community Service Fund(CSF)

PSC에서 MIT 학생들의 봉사활동에 필요한 자금을 어느 정도 지원하지만, 보다 포괄적인 지원에는 한계가 있다. 이에 CSF는 전문적으로 MIT 커뮤니티 멤버들의 봉사활동을 지원하는 역할을 한다. CSF는 1968년에 설립되었고, MIT 커뮤니티(교직원, 학생, Lincoln Lab, 졸업생, 퇴직자 포함)를 대표하는 Board of Trustees에 의해 운영되고 있으며, 이사회는 3년에 한번씩 교체된다. CSF 자금의 원천은 MIT의 교직원들이다. 1년에 3번씩 교직원들로부터 모금을 받고, MIT 학생들, 교직원, 교수진, 지역 단체의 지원, MIT 학생들의 참여를 유도하는 지역행사나 프로그램 등에 사용한다.

4. UC버클리 대학의 사회적 책임

UC 버클리 공공 서비스 센터(Public Service Center)[4]

UC 버클리 공공 서비스 센터는 1967년에 설립된 봉사활동 기관으로서 학생들이 자발적으로 운영하고 있다. 본 센터의 아이디어, 물적 및 인적 자원을 모아 사회적 정의를 행하

[4] 포항공대신문(2013/9/25)과 UC 버클리 공공서비스 센터 홈페이지(http://publicservice.berkeley.edu/)를 참고함.

고, 건강한 지역사회를 건설하며, 봉사 활동 참여자들이 사회봉사를 위해 지속적 노력을 이바지하도록 독려하는 것을 목적으로 하고 있다. 현재 12명의 직원들이 상시 근무하며, 주로 학부생 및 대학원생 자원봉사자를 교육하고 이들을 지역사회 및 해외 봉사활동과 연계하거나, 자체 봉사 프로그램 개발에 투입하고 있다. 매년 4,000여 명 UC 버클리 학생들이 본 센터를 통해 봉사활동에 참여하고 있다.

본 센터는 경험적/내면적 학습, 협력과 혁신, 사회적 지혜, 학생 주도 조직, 평등과 사회 정의 등 다섯 가지를 핵심 가치로 봉사활동을 수행한다. 자원활동을 추진하는데 있어서 단순히 주변의 어려운 사람을 돕는 것을 넘어서 사회복지 향상의 본질적 측면에서 접근한다. 이를 위해 봉사자가 자신의 도덕적 가치관과 사회적 정의관에 부합하는 봉사활동을 찾아 참여할 수 있도록 지원한다.

평등과 사회적 정의를 실현하기 위한 대표적 활동 중 하나는 이주민 권익 보호 사업으로, 이는 이주민들이 주거권, 생활권, 노동권 등 여러 면에서 다른 사회 구성원에 비해 취약하다는 인식을 기반으로 출발했다. 이 사업에 참여하는 학생 봉사자들은 여러 학생/사회단체와 연계하여, 아시아-태평양 등 타 지역에서 이주한 사람들을 위한 영어, 생활 교육뿐만 아니라 취직을 위한 직업교육에 참여하고 있다. 뿐만 아니라 이주민들의 문화적 배경을 깊이 있게 이해하고 이들을 위한 실질적인 도움을 직접적으로 체험하고 모색하기 위해 봉사활동에 참여하는 학생들에게 교육 프로그램과 해외탐방의 기회도 제공한다. American Cultures Engaged Scholarship Program은 이와 관련된 대표적인 프로그램 중 하나이다.

이와 더불어 미국의 20대 청년들이 타 세대층에 비해 투표율이 저조해 참정권을 제대로 행사하지 못하고 있다는 인식에서 출발한 '학생 투표 독려 사업'을 선거철마다 진행하고 있다. 미국의 각 주 별로 시시각각 개정되고 있는 선거정책을 정리해 안내하는 일과 타 주에서 온 학생들을 위한 투표자 등록을 본 센터가 대행하고 있다. 더불어 정치를 생소하게 여기는 학생들을 대상으로 정치학과 배경 지식을 교육하는 초당파 학생단체도 지원하고 있다. 학생 투표율이 높을수록 정치인이 청년층의 복지에 관심을 두게 되므로, 학생들의 권리를 스스로 찾는 적극성을 증진 시키도록 하는 봉사활동이 필요하다는 데에서 출발하였다.

이외에도 봉사자의 전공 지식과 재능을 살려 사회적 약자들을 위한 법률자문, 피부미용, 치과서비스 등이 모두 본 센터와 연계한 학생들의 주도 하에 이루어지고 있다. 지속성과 효과성 측면에서 높게 평가 받은 대표적인 봉사활동으로는 학생 봉사자들이 지역 초등학생들과 일주일에 두 번 이상 만나 일대일로 읽기와 쓰기 능력을 가르치는 'BUILD (Berkeley United in Literacy Development)'가 있다. 이러한 봉사활동이 효과적으로 지속되는 원동력은 높은 관심과 참여율뿐만 아니라 본 센터가 제공하는 봉사자에 대한 재정적 지원, 봉사활동 교육, 지역사회에 대한 이해가 있기 때문이다. 봉사활동에 참여하는 대부분의 학생들은 장학금이나 학비 대출금 감면 등의 형태로 급여를 받으며, 형편이 어려움에도 봉사활동을 지속하려는 학생들을 위해 1인당 한 학기 2,000달러 규모의 특별장학 프로그램도 제공하고 있다.

최근에는 봉사활동 경험을 학부 커리큘럼에 반영하기 위한 작업도 추진 중이며, 대학원생, 교직원 봉사자를 위한 지원 방안도 함께 모색하고 있다. 또한 학생들의 봉사활동 역량 향상을 위한 방안도 체계적으로 마련되어 있는데, 모든 학생 봉사자들은 이미 봉사활동에 참여한 선배들로부터 교육을 받은 후 활동에 투입된다. 활동에 지속적인 관심을 갖는 학생들을 위해 비영리단체 인턴십도 적극 추천하고 있다.

5. 워싱턴 대학의 사회적 책임[5]

칼슨 리더십 및 공공서비스 센터 (Carlson Leadership and Public Service Center)

칼슨 리더십 및 공공서비스 센터(이하 칼슨 센터)는 워싱턴 대학 학생들의 봉사학습, 지역사회 기반으로 하는 참여연구, 리더십 등에서의 발전을 목표로 하고 있다. 칼슨 센터는 봉사 학습을 통하여 학문과 지역사회와의 의미 있는 연계를 형성시키는 것이다. 공공서비스 인턴과 자원봉사 역시 칼슨 센터의 핵심 업무에 포함되어 있다.

---

[5] 워싱턴 대학 사례작성에 있어서 아래 홈페이지를 참고함. The Carlson Leadership & Public Service Center, http://www.washington.edu/carlson/; Pipeline Project, http://expd.washington.edu/pipeline; Dream Project, http://www.washington.edu/dreamproject.

봉사 학습

2012~2013학년도 칼슨 센터는 약 3,000명의 학생을 98개 봉사학습 수업과 연계하였다. 학생들은 450여 개의 지역사회 파트너와의 협업을 통해, 비영리 및 공공부문에 다양한 봉사 활동을 하였다. 이들은 약 6만 시간을 투입하고, 이를 통해 창출한 가치는 약 133만 달러에 이른다.[6] 〈그림 5-3〉에서 볼 수 있는 것과 같이 봉사학습 수업에 참여한 학생 수는 꾸준히 늘어나고 있으며, 특히 2008년 이후 1년 동안 학생 수가 1,000명 이상 늘어났다.

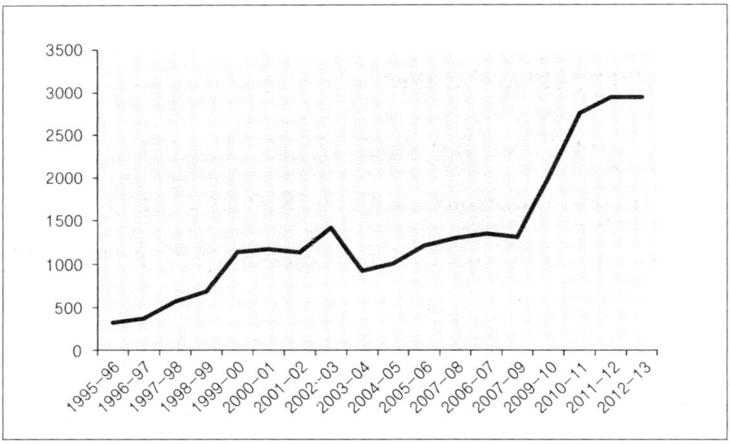

〈그림 5-3〉 봉사학습 교과에 참여한 학생 수

출처: Carlson Leadership & Public Service Center(2013)

[6] 한 학생이 최소 20시간 봉사활동에 참여하고, 워싱턴 주에서 자원봉사의 경제적 가치를 1시간 당 22.69 달러라고 가정함.

매 분기마다 각 학과의 교수와 강사들은 과목을 선택하여 이를 봉사학습과 연계한다. 한편, 칼슨 센터의 직원들은 과목 강사들과 협력하여 각 과목의 목적을 정하고, 지역사회의 기관들과 협력하여 그들의 요구사항을 학생들에게 제공할 수 있는 기회 등을 조사한다. 이러한 작업을 통해 개발한 수업은 수업자체의 목표뿐만 아니라 지역사회의 수요도 함께 만족시킬 수 있다. 학생들을 위한 봉사수업의 질을 지속적으로 향상시키기 위해, 칼슨 센터에서는 매 분기마다 수업이 끝난 후 설문조사를 실시하는데 칼슨 센터, 지역사회 파트너, 그리고 봉사수업 참여과정에서의 만족도를 평가한다. 2012~2013 학년 봉사학습에 참여한 학생들에 대한 설문조사에 따르면, 수업에 대한 학생의 만족도는 매우 높았으며, 대부분 학생(약 96%)이 봉사학습 수업을 그들의 동료에게 추천하겠다고 응답하였다.

학생들은 봉사학습 수업에 참여함으로써 학점을 인정받지 못한다. 대신 다양한 수업 과제를 통해 그들의 학습과정을 보여주고, 일부 수업에서는 봉사학습이 여러 가지 수업 과제의 하나로 요구하고 있다. 워싱턴 대학에서는 학생들의 봉사활동을 지원하기 위하여 각종 장학금과 보조금 프로그램을 개발하였다. 그 중 칼슨 센터는 〈표 5-7〉에 볼 수 있는 보조금 프로그램을 직접 운영하고 있다.

〈표 5-7〉 장학금과 펠로우십 프로그램

프로그램	내용
Robert Lee Ellis Civic Fellowship	Designed for incoming students, Ellis Fellows are selected on the basis of financial need, dedication towards service, personal growth, and leadership development, and ability to make a 4-year commitment toward fulfilling Fellowship expectations.
Carlson Civic Fellowship	A year-long intensive student leadership development fellowship that combines in-depth, engaged service with a local community organization with structured community-based leadership courses, leadership development training, and mentorship in a cohort of peers
Sterling and Gene Munro Public Service Fellowship	Encouraging a life-long commitment to public service by providing students with support for a proposed public service initiative
Edward E. Carlson Student Leadership Award	Available to junior or senior undergraduate students, the Carlson Leadership Award recognizes individual students who have demonstrated a strong commitment to public service, provided outstanding leadership in the community, and who are committed to continued creative civic participation
Mary Gates Leadership Scholarship	Encouraging students to develop their leadership abilities through an activity or project they are passionate about

출처: Fellowships and Awards, http://www.washington.edu/carlson/public-service-fellowships-and-awards/

Pipeline Project

이는 워싱턴 대학 학부생들이 지역사회의 12학년 학생들에게 개인지도와 맨토(mentor)의 역할을 하는 프로그램이다. 학생들의 학업지도는 pipeline volunteers, inner pipeline students, service-learning students 등 3가지 종류로 구분된다. Pipeline volunteers는 매 학기마다 자원봉사자를 뽑는데 선정된 학생은 봉사활동 시작 전에 의무적으로 pipeline 오리엔테이션에 참가하고 한 학기 동안 매주 1~2시간씩 투입된다. 자원봉사활동에 참여한 학생은 별도로 학점을 받지는 않는다.

두 번째 종류인 inner pipeline students는 학점을 취득할 수 있는 세미나에 등록한다. Pipeline project 담당기관에서는 매 기간(3개월)에 다양한 교육주제(공공교육, 수학과 과학교육, 난민과 이주민 등 관련 이슈)와 관련된 세미나를 개최한다. 이 프로그램에 참여한 학생들은 매주 최소한 2.5시간(8~9주 동안 최소 20시간) 투입하고, 그 보다 많은 시간을 할애한 경우(40, 60, 또는 80시간) 학점을 인정 받게 된다.

Service-Learning students는 각 학과에서 제공한 봉사학습 수업을 통해 학생들을 가르친다. 이런 경우 봉사자들은 지정한 학교에서 매주 2.5~5시간 봉사시간을 채워야 하고 전체적으로 8~9주동안 20~40시간을 투입해야 한다. 파트너 학교 또는 기관에서는 봉사활동을 종료할 쯤에 봉사에 참여한 학생들에 대해 간단한 평가를 하고, 이 평가는 학생들의 향후 학점이나 봉사학습 수업에 활용할 수 있는 근거가 된다.

Dream Project

워싱턴 대학 학생이 주도하고 있는 이 프로그램은 시애틀 지역 고등학교에서 재정형편이 어려운 학생들에게 대학입학 행정서류를 준비하는데 도움을 제공하는 프로그램이다. 주로 SAT 준비, 대학 신청, 에세이 작성, 재정지원 신청, 및 장학금 신청 등에 관련된 행정 준비를 포함한다. 이 프로그램에는 현재 500여명의 워싱턴 대학교 학생이 16개 고등학교의 1,700명 학생들을 대상으로 봉사활동을 전개하고 있다. 봉사활동 관련 비용은 대학 관련 기관에서 후원하고 있다.

6. 한국 대학의 사회적 책임활동에 대한 조언

5장에서 소개한 5개 미국 대학의 사회봉사활동의 우수사례를 중점으로 분석하여, 한국 대학의 사회적 책임활동의 향상 방안을 제시해보자.

봉사활동 참여

자원봉사활동은 개인의 자발성에 의존하고, 기본적으로 보수가 없고, 공익을 위한 활동이기에 이에 따른 특별한 책임성이 없거나 관심이 없게 되면 활동을 쉽게 그만 둘 수 있다. 따라서, 지속성을 위해서는 무엇보다도 학생들 자신이 관심 있는 분야에 봉사활동을 하는 것이 중요하다. 이를 위해 실제로 하버드 대학교 등 5개 대학들의 학생봉사센터에서는 봉사의향이 있는 학생 본인이 원하는 봉사프로그램을 연결해준다. 또한 학생들 역시 개인적으로 온라인 검색시스템을 통해 제공한 정보에 대해 알아보고 관심 있는 프로그램에 참여할 수 있다.

예를 들면, MIT대학의 경우에는 학교 전문 웹사이트를 통해 학생들이 자신의 관심 분야, 봉사할 대상, 가능 시간과 지역을 검색하면 이에 해당하는 봉사활동 프로그램 리스트들을 쉽게 볼 수 있도록 매우 편리한 정보시스템을 구축하였다. 하버드 대학교의 PBHA 학생봉사단체도 마찬가지로 PBHA Match 온라인 검색 사이트를 통해 봉사자가 원하는 봉사프로그램과 직접 연결해준다. 또는 학생봉사 전담부서인 봉사센터에 학생이 직접 방문하여 담당자와 무료로 상담 받을 수 있다.

교육과 과목개발

자원봉사활동의 지속성을 위해 봉사 수여자의 관심 외에 봉사 받는 수혜자의 만족도를 높이는 것 역시 중요하다. 수혜자가 봉사활동을 원치 않는 경우에는 봉사활동이 중단될 수 있다. 봉사활동의 진행에 있어서 봉사의 내용도 물론 중요하지만, 봉사자의 태도, 메시지 전달 방식 등도 중요하다. 이를 해결하기 위해서는 봉사 시작 전 기본적인 오리엔테이션이나 교육 및 훈련이 필요하다. 예를 들면, 하버드 대학의 모든 Tutoring 프로그램에 참여하기 위해서는 반드시 PBHA에서 제공한 훈련을 받아야 한다.

한국 대학의 봉사활동의 경우 대학생의 저조한 참여율이 문제이다. 이를 해결하기 위해서는 봉사학습에 효율적인 방법을 도입해야 한다. 국내 대학 봉사활동 참여율이 낮은 중요한 원인 중 하나가 학생 또는 교수들이 별도의 시간을 따로 내서 봉사활동에 참여하기가 어렵다는 것이다. 따라서 외국대학의 사례에서 보다시피 봉사와 학습을 직접적으로 연결시키는 봉사관련 과목들을 개설해 봉사와 학습을 동시에 진행할 수 있는 과목들을 개발할 필요가 있다.

봉사에 관심을 가진 학생은 스스로 봉사학습 교과과정이나 관련 연구활동 또는 일반적인 봉사서비스에 직접 참여하겠지만, 이에 대해서 기본적으로 관심이 없는 학생들에 대해서는 홍보와 교육이 절실히 필요하다. 예를 들면, 5개 미국 대학들의 봉사센터에서는 모두 정기적으로 연간보고서, e-newsletter 등 홍보물을 발간한다. 또 기타 워크숍이나 행사를 통해 학생들에게 봉사의 의미와 중요성을 교육시키고 있다.

재정적 지원

사례에서 살펴 본 외국 대학의 재정적 지원방식은 봉사 센터의 장학금, 펠로우십, 인턴십 등이 있다. 이들 지원 프로그램의 후원자는 학내 또는 학외 기관이다. MIT 대학의 경우에는 봉사활동을 전문적으로 지원하기 위한 기금까지 마련되어 있다.

하버드 대학의 Public Service Network에서는 group funding, individual funding, internships, fellowships, The Center for Public Interest Careers 등 5가지 종류를 구분하여 보다 체계적으로 학생들의 봉사활동에 대해 자금을 지원하고 있다. 스탠포드 대학은 주로 하스 센터의 장학금과 펠로우십을 통해 지원한다. 한편 work-study 프로그램은 학자금 보조를 받으면서 봉사경험을 할 수 있는 프로그램인데 연방정부에서 재정지원을 한다. MIT 대학의 Public Service Center는 fellowship, internship, work-study, grant 등을 통해 봉사활동에 필요한 재정적 지원을 하는 것과 더불어 MIT Community Service Fund(CSF)를 마련하여 전문적으로 봉사활동에 필요한 자금을 지원한다. UC 버클리 대학에서는 scholarship, loan, internship 등을 통해 자금을 지원한다. 워싱턴 대학에서는 주로 scholarship과 fellowship을 통해 자금을 지원한다.

평가 시스템

한국 대학의 봉사활동은 실행 프로그램의 양적인 면에 중점을 두고 있기 때문에 봉사 수행 후 프로그램에 대한 평가와 수혜자로부터의 피드백을 받는 등의 관련 과정이 체계적으로 되어 있지 않다. 그러나 외국 대학의 경우, 예를 들면, 워싱턴 대학의 칼슨 센터에서는 봉사학습 수업이 끝난 후 설문조사를 실시하는데 칼슨 센터, 지역사회 파트너, 그리고 봉사수업 참여과정에서의 만족도를 함께 평가한다. 이를 통해 봉사학습 수업의 질을 높이고, 수혜자의 만족도를 높임으로써, 지역사회와 주민과의 협력도 할 수 있는 바탕을 마련하고 있다. 더불어 각 대학의 봉사센터에서는 우수 봉사활동 개인이나 단체에게 장학금이나 학비감면, 연구비 지원 등의 다양한 형식을 통해 장려 인센티브를 주어 평가결과에 대한 보상 시스템도 개발되어 있다. 이러한 우수사례를 웹사이트에 공유하고 홍보함으로써 더 많은 학생들이 봉사에 관심을 갖도록 유도하면서, 전반적인 봉사활동의 수준을 높이고 있다.

6

나눔의 유형과 전략적 방향

1. 나눔의 네 가지 형태

나눔의 실천경로에는 직접적으로 도와주는 것, 프로그램을 통해 도와주는 것, 파트너를 통해 도와주는 것, 그리고 새로운 사회적 수요를 파악하고 그에 맞는 맞춤 서비스를 통해 도와주는 것 등 네 가지로 구분할 수 있다. 앞의 세 가지는 모두 도움이 필요한 사람을 찾아서 봉사를 하는 공통점이 있다. 하지만, 네 번째 경로는 실제로 도움이 필요하지만, 구체적으로 어떠한 도움이 필요한지를 잘 모르는 사람들을 위한 나눔봉사이다. 다음에는 각 경로의 특징과 구체적인 사례를 들어 좀 더 자세하게 설명하겠다.

Type 1: 직접적인 나눔 실천

이는 대학 교수와 학생들이 스스로 직접 현장에 가서 나눔을 실천하는 것이다. 자금과 기타 제도적 지원 등 봉사활동에 필요한 모든 것을 주로 내부에서 해결하기 때문에 부담이 상대적으로 크다. 서울대학교 의과대학의 교수들과 학생들이 주말에 외국인 노동자를 위해 무료로 의료봉사를 하는 라파엘 클리닉과 같은 개별적인 봉사단체들의 봉사활동이 이 유형에 속한다. 대학의 문화나 교육(도서관, 운동장, 박물관) 등 자체 시설을 지역사회 주민에게 개방하고 활용하는 방식도 여기에 포함된다.

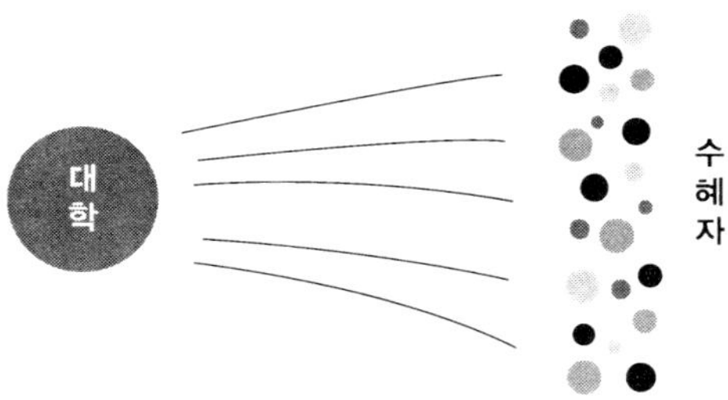

〈그림 6-1〉 Type 1: 직접적인 나눔 실천

Type 2: 프로그램을 통한 나눔 실천

수여자가 직접 수혜자를 찾아 도와주는 것이 아니라, 프로그램을 만들어 프로그램의 조건을 만족하는 사람 또는 사회나 환경을 도와주는 것이다. 대표적인 예로 클린턴 재단(William J. Clinton Foundation)을 들 수 있다. 클린턴 재단은 기후 변화, 경제발전, 글로벌 의료보건, 건강과 웰빙, 여성과 여자 아이 등 5개 분야에 초점을 두어 봉사활동을 추진한다. 이를 위해 Clinton Climate Initiative, Clinton Development Initiative, Clinton Health Access Initiative 등 11가지 프로그램을 마련하였고, 이를 통해 좀 더 세분화된 나눔을 실천하고 있다. 이러한 프로그램의 운영에 대한 투자가 재단 전체 지출의 약 90%를 차지한다(클린턴 재단 홈페이지, http://www.clintonfoundation.org/). 대학이 사회봉사활동을 보다 조직적이고 체계적으로 지원하기 위해 설립한 사회봉사 전문조직인 사회봉사센터 또는 사회봉사단의 나눔 실천이 두 번째 유형에 속한다. 이러한 봉사센터들은 학교 내의 다양한 봉사단체들에게 재정적 지원, 그리고 봉사자 교육과 훈련 등의 역할을 한다.

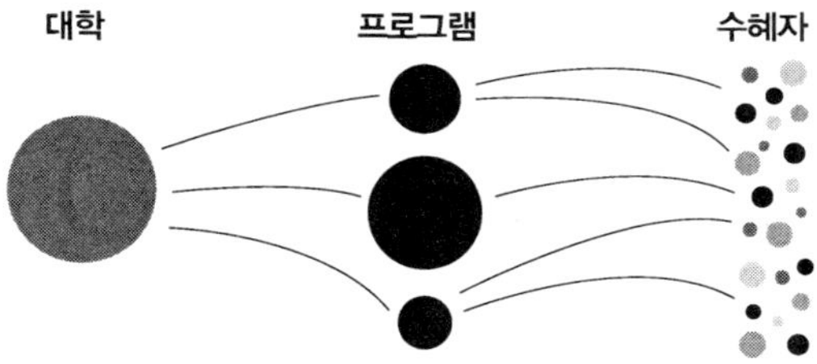

〈그림 6-2〉 Type 2: 프로그램을 통한 나눔 실천

Type 3: 파트너를 통한 나눔 실천

특정 분야에 잘할 수 기관이나 단체를 선정하여 도와주도록 하는 방법이다. 게이츠 재단(Bill & Melinda Gates Foundation)이 좋은 예이다. 한 기관이 모든 분야에서 모두 전문가가 되기는 어렵다. 또한 봉사자가 자신과 관련이 없는 비전문

분야에서 봉사하면 효율성이 떨어지게 된다. 이런 경우 전문 기관을 통해 실천하는 것이 더 효율적일 수 있다. 예를 들면, 게이츠 재단에서는 개발도상국 삶의 질을 향상시키기 위해서 스탠포드 대학과 함께 생물연료와 식품안전에 대한 연구를 진행하였다(게이츠 재단 홈페이지, http://www.gatesfoundation.org/).

대학의 나눔 실천 활동에 적용하면 두 가지 형태를 찾을 수 있다. 첫 번째 경우는 대학이 직접적으로 수혜자와 접촉하여 봉사활동을 실천하고, 자금 등 기타 인프라 지원은 협력기관에서 해결해주는 방식이다. 예를 들면, 하버드 대학교의 아놀드 수목원은(Arnold Arboretum) 연중 내내 일반시민에게 무료로 공개함으로써 매년 약 25만명의 방문객이 찾아와 보스턴 지역에서 가장 인기 있는 공공장소가 되었다. 아놀드 수목원의 경우 피상적으로 보기에는 첫 번째 경로에 포함되는 것 같지만, 실제로 대학은 전체적인 운영만을 책임하고, 치안과 도로 등의 인프라 관리는 협력기관인 보스톤 시 정부에서 담당을 하고 있다.

두 번째는 대학 봉사 단체에서 실제 봉사자의 요구사항에 따라 해당 협력기관에 소개시켜 주는 경우로, 구체적인 봉사 실천 활동은 협력기관에서 조직하고 운영하는 것이다. 즉 이러한 경우에 대학은 연결의 중간역할만 한 것이다. 예를 들면, 미국 대학 사회봉사센터가 외부 협력업체를 통해 학생들에게 봉사 인턴 또는 공익 일자리를 추천해주는 역할을 연계할 수 있다. 봉사센터에서 모든 봉사센터를 직접적으로 운영하는 것이 아니라 이러한 정보소개를 통해 학생들은 해당 기관에 신청을 해서 그 해당기관에서 교육과 훈련을 받고 봉사활동을 하게 된다.

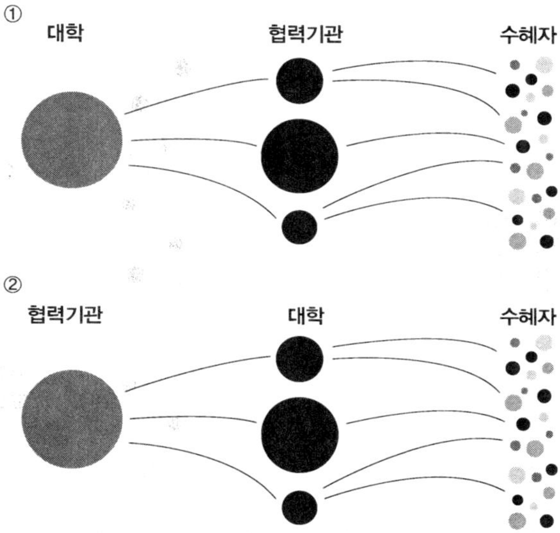

〈그림 6-3〉 Type 3: 파트너를 통한 나눔 실천

Type 4: 새로운 사회적 수요 창출을 통한 나눔 실천

퍼듀 대학교(Purdue University)[1]에서 연구한 또 다른 유형으로서, 지금까지 살펴본 나눔 실천전략이 주로 수여자로부터 나온 것에 반해, 새로 연구된 이 실천전략은 반대로 진행된다. 즉 도움이 필요하지만 무엇이 필요한지 잘 알지 못하는

---

1 퍼듀 대학교의 Rick Widdows 교수가 '서울대 나눔모임'에서 발표한 내용을 인용한 것임.

사람들을 위해 나눔을 실천하는 것이다. 이 경우, 사회와 지속적인 소통을 하면서 필요한 사회적 수요를 연구하여 새로운 서비스를 만들어낸다. 이는 지역 사회가 당면하고 있는 문제의 원인을 파악하고 해결하는데 기여할 수 있다.

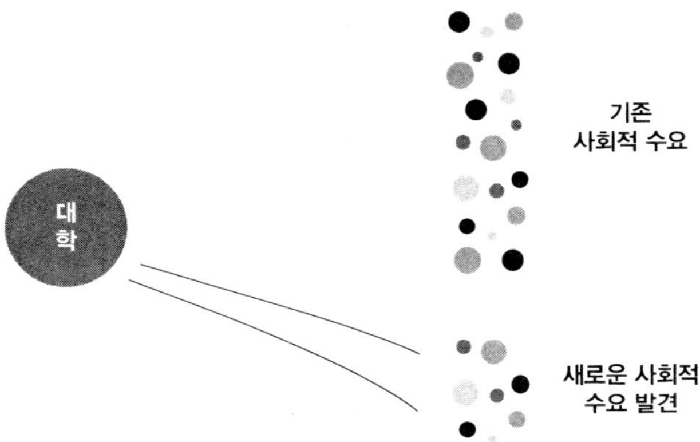

〈그림 6-4〉 Type 4: 새로운 사회적 수요를 창출을 통한 나눔 실천

이상 네 가지 유형에서 Type 1에서 Type 4로 갈수록 나눔 실천에 필요한 전략이 더 수준이 높고, 정교해야 한다. Type 1에 비해 Type 2는 프로그램을 통해 봉사를 함으로써 모든 대상자가 아닌 특정 대상자에 대해서만 행하는데 수혜자의 수요에 특화함으로서 봉사활동의 효과성을 극대화할 수 있다. 이에 비해 Type 3의 가장 큰 특징은 Type 1과 2에 비해 봉사활동을 타 기관과의 협력을 기반으로 하기 때문에 사회의 더 많은 수여자가 봉사활동에 참여할 수 있으므로 나눔의 범위와 파급효과가 더 크게 된다. 또한 여러 기관이 자체의 비교우위에 따라 업무를 분담함으로써 봉사활동의 질을 높일 수 있다. Type 4는

기존의 수혜자에만 사회봉사활동을 국한하는 것이 아니라, 새로운 사회적 수요를 발견함으로써 나눔 자체의 폭을 넓히면서 더욱 깊이 있게 발전시킬 수 있다.

2. 한국대학 나눔전략의 발전방향

현재 한국에서 사회봉사단이나 봉사센터와 같은 전담조직을 설치한 대학은 별로 없고 대부분 주로 학생처나 학과에서 사회봉사 관련 업무를 부수적으로 맡고 있으며, 학생들의 봉사학습 교과목도 대학마다 몇 개씩 개설되는 경우가 있지만 체계성이 부족하다. 한국 대학의 사회봉사활동은 주로 교내 봉사단체들의 산발적인 활동에 의해 이루어지고 있어서, 아직 나눔의 초보 단계인 Type 1에 주로 머물고 있다.

현재 한국대학의 나눔활동을 발전시키기 위해서 다음과 같은 전략적 방향을 제시할 수 있다. 우선 단지 불쌍한 이웃을 도와준다는 생각만으로 봉사활동을 할 것이 아니라, Type 2와 같이 더욱 체계적이고 효과성이 높은 프로그램을 만들어서 나눔의 자원을 더욱 효율적으로 사용해야 할 것이다. 다음으로는 기업과 연결하는 Type 3 이다. 실제로 기업은 사회적 책임을 다할 수 있는 전문성과 여건이 부족하므로 서울대학교 등 대학의 전문성을 활용한다면 CSR(기업의 사회적 책임) 활동의 효과가 훨씬 더 커질 것이다. 대학의 다양한 전문분야를 활용하여 자금력이 있는 기업과 해결해야 할 여러 이슈가 있는 사회를 연결하는 것이다. 대학이 파트너 역할을 하면서 수여자는 대학에 기금을 주고 대학은 전문성을 갖고 프로그램을 대신 개발하면 수혜자의 혜택을 한층 더 높일 수 있을 것이다. 이것이 바로 CSV(공유가치창출)이다.

이러한 CSV 활동은 기업뿐 아니라 정부기관도 포함된다. 예를 들면, 코이카(KOICA)에서는 서울대학교 의과대학의 라파엘 인터네셔널을 통해 라오스, 몽골 등과 같은 국가에 의료봉사를 지원하고 있다. 또한 코이카는 아제르바이잔 경제발전 계획을 수립해주는 프로그램을 진행하여 필자들이 프로젝트를 수행한 적도 있다. 경제발전을 도와주기 위해서는 나눔의 분석모델에서 제시한 바와 같이 물고기 보다는 물고기를 잡는 법을 가르쳐주어야 한다. 자립성을 키워줘야 하기 때문에 직접적으로 금전을 지원하는 것보다 올바른 경제발전 모델을 제시해 줌으로써 근본적인 방법을 전수해 주는 것이 중요하다.

맺음말

도덕적으로 강하면 신체적으로도 강해진다. 생물학에서는 생물이 진화를 하면서 이기적인 면이 우성적으로 발전하는 것으로 보는 것이 일반적인데 이러한 가운데 남을 위하는 이타적인 특성이 남아 있는 것은 남에게 잘해주면 자신에게도 이익이 돌아오기 때문이다. 특히, 육체적으로 약해 보이고, 엄청난 절제 또는 자기 통제력을 갖고 태어난 사람이 아닐지라도, 다른 사람들을 많이 도와 주면서 강하게 변할 수 있다. 다른 사람들을 많이 도와주고 착한 일을 하면서 빈약한 체질이 강한 체질로 변할 수 있다는 것이다.

실제적으로 어느 과학저널에 발표된 재미있는 연구가 있다.[1] 1달러를 주고 사람들이 이를 어떻게 쓰는지 살펴보았다. 그룹 1은 1달러를 기부하겠다는 사람이고 그룹 2는 본인이 사용하겠다는 사람들이었다. 그리고 각 그룹 사람들에게 5파운드 무게의 물체를 들게 했더니 그룹 1이 10초 정도 더 오래 들었다는 것으로 나타났다.

Nice guys finish last. 영국 속담인데 일반적으로 착한 사람은 결국 경쟁사회에서 뒤쳐진다고 보는 것이다. 성공하려

---

1 Social Psychological and Personality Science (Telegraph.co.uk. 20 April 2010)에서 발췌함.

면 치열하고 남과 경쟁하면서 이겨내야지, 타인에게 양보하면서, 착하게 살고 봉사나 하고 산 사람들은 마음은 착하지만 성공하지 못한다는 것이다. 그런데 실제 연구를 통해 얻은 결과는 이와 반대였다. 착한 사람이 뒤쳐지는 것이 아니라 오히려 앞서간다는 것이다. 재미있는 사례를 하나 더 들면, 여자들은 남을 도와주는 남자를 더 좋아한다는 것이다. 동일한 남자가 어린이병원에서 기타를 치는 모습과 일반 식당에서 기타를 치는 모습을 보여주었을 때 여성들은 어린이병원에서 기타를 치는 남자를 더 매력적으로 느낀다는 결과가 나왔다.

앞서 보여 준 실험들은 모두 나눔의 윈 · 윈 논리를 보여 준 것이다. 즉, 남을 도와주는 동시에 자신도 이익을 보게 되는 것이다. 이익에는 여러 가지 형식이 있다. 예를 들면, 나눔을 통해 기쁨과 자기만족을 얻을 수 있다. 한 단계 더 나아가 타인을 기쁘게 하면서 자신의 발전도 함께 도모할 수 있다. 뿐만 아니라 이를 통해서 보이는 육체적 힘 또는 보이지 않는 매력도를 높일 수 있다. 개인의 경우에는 인간적 매력이나 명성이 될 수 있고, 기관의 경우에는 이미지가 될 수 있다.

나눔을 실천하는데 있어서 직접기부, 프로그램, 파트너십 등 여러 가지 유형이 있지만, 나눔의 내용과 규모에 따라 적절한 방법을 선택해야 한다. 이 중 대학 나눔의 기본적인 틀은 수여자의 파트너로서 도와주는 역할을 더 많이 하는 것이다. 대학은 전문분야를 잘 활용하여 많은 기업 등 다른 조직을 위해 나눔활동을 대행해 주고 도와주는 역할을 하면서 나눔의 효율성을 극대화해야 한다. 이와 더불어 중요한 것은 나눔의 평가이다. 평가는 부족한 점을 발견하여 보다 더 효율적인 나눔을 할 수 있게 한다. 평가 또한 대학의 전문성을 활용하여 대학이 가장 잘 할 수 있는 분야이기 때문에 기업이나 다른 기관들도 대학과 연계하여 나눔활동을 하면서 이러한 전문성을 함께 향유할 수 있을 것이다. 대학은 나눔활동을 더욱 활발하게 해야 하며, 기업이나 정부는 나눔활동에 있어 대학의 전문성을 더욱 적극적으로 활용해야 할 것이다.

참고문헌

국가통계포털, http://kosis.kr/.

국경없는 과학기술자회, http://www.sewb.org.

국경없는 교육가회, http://ewb.or.kr.

김성이. 1997. 봉사학습의 개념과 실천원칙에 관한 연구. 사회과학연구총론(이화여자대학교 사회과학대학 사회과학연구소), 1: 41-61.

김천권. 2007. 대학과 지역개발. 한국지방자치학회보, 19(1): 143-165.

대학사회봉사협의회. 2009. 2007~2009년도 해외봉사활동 성과평가 분석, http://kucss.or.kr/board/bbs/board.php?bo_table=-data_1&wr_id=390.

대학사회봉사협의회. 2010. 전국 대학사회봉사현황 조사 결과. http://kucss.or.kr/board/bbs/board.php?bo_table=data_1&wr_id=385&page=9.

라파엘클리닉, http://www.raphael.or.kr.

보건복지부 · 한국사회복지협의회. 2012. 사회복지 자원봉사 통계연보 2012.

성명옥 · 오효근. 2004. 대학과 사회봉사. 서울: 지혜의 샘.

세계일보. 2011/4/13. "찌아찌아 한글 지원 말뿐".

시사IN. 2011/7/13. 미국 대학 학부에는 의학 · 법학이 없다, http://www.sisainlive.com/news/articleView.html?idxno=10630.

오대영. 2011. 일본 대학들의 활발한 지역 사회 공헌. 대학교육, 170호, http://magazine.kcue.or.kr/last/popup.html?vol=170&-no=4009.

이데일리. 2008/2/13. 유일한 목표 '사회기여형 인재 찾는다'.
이데일리. 2010/8/17. 이대통령, 존경받는 지도자 10인 선정-뉴스위크.
조선일보. 2006/4/26. 오클랜드 대학 경제 기여도 연간 44억달러.
조선일보. 2011/7/5. 반기문 총장, 내달 방한… UN-대교협 포럼 참석 위해.
중앙일보. 2008/11/7. 21세기에 대학의 시장경제 개입은 '대세'.
파이낸셜뉴스. 2011/8/11. 반기문 UN사무총장, 한국에 ODA 대폭증액 호소.
포항공대신문. 2001/8/29. 대학과 지역사회-지역사회 봉사기능 기대치 못 미쳐, http://times.postech.ac.kr/news/articleView.html?idxno=3108.
포항공대신문. 2013/9/25. 학생의, 사회적 정의에 의한, 지역사회를 위한 Cal Corps.
하승우. 2009. 대학과 지역사회 동거동락은 가능한가, http://www.newscham.net/ news/view.php?board=news&nid=53726.
한국대학사회봉사협의회, http://kucss.or.kr/.
한국보건산업진흥원. 2009. 보건복지의료 분야 ODA(공적개발원조) 사업의 효율적 추진방안 개발연구.
한국산업기술진흥원. 2013. 세상을 바꾸는 생각들, http://www.techplusforum.com/html/ ebook/2013/5th.pdf.
한국일보. 2007/9/2. 한국 기부문화는 '전시용'.

Alperovitz, G., Dubb, S., and Howard, T. 2008. The Next Wave: Building University Engagement for the 21st Century. *The Good Society*, 17(2): 69-75.
Art & Sharing, http://artnsharing.org/ans/c/list.php?m0=1.

Atkinson, R. C. and Blanpied, W. A. 2008. Research Universities: Core of the US Science and Technology System. Technology in Society, 30(1): 30-48.

Bill & Melinda Gates Foundation, http://www.gatesfoundation.org/.

Bonnen, J. T. 1998. The Land Grand Idea and the Evolving Outreach University (Chapter 2). In Lerner, R. M. and Simon, A. K. (eds.), *University-Community Collaborations for the Twenty-First Century: Outreach to Scholarship for Youth and Families*. New York: Garland.

Cambridge University, http://www.cam.ac.uk/.

Campus Compact. 2012. 2012 Annual Member Survey.

Carlson Leadership & Public Service Center, http://www.washington.edu/carlson.

Carlson Leadership & Public Service Center. 2013. Service-Learning Student Evaluation Report.

Chatterton, P. and Goddard, J. 2000. The Response of Higher Education Institutions to Regional Needs. *European Journal of Education*, 35(4): 475-496.

Colby, A., Ehrlich, T., Beaumont, E., Rosner, J., and Stephens, J. 2000. Higher Education and the Development of Civic Responsibility. In Ehrlich, T. (ed.), *Civic Responsibility and Higher Education*. Phoenix, AZ: American Council on Education.

Cronin, J. M. and Sjogren, J. 1998. Public Service and the University of Virginia, http://www.virginia.edu/virginia2020/public/public-docs2-cronin-sjogren.htm.

D-Lab, https://d-lab.mit.edu.

Dalby, A. 2003. *Language in Danger: The Loss of Liguistic Diversity and the Threat to Our Future*. New York: Columbia University.

Dream Project, http://www.washington.edu/dreamproject.

Drucker, P. F. 1994. The age of social transformation. *Atlantic Monthly*, November: 53-80.

European Commission (EU-USR), http://www.eu-usr.eu/.

Global University Social Responsibility Network, http://www.globalusrnetwork.org/.

Haas Center for Public Service, http://studentaffairs.stanford.edu/haas.

Hamrick, F. Faculty Roles and Responsibilities, http://education.stateuniversity.com/pages/1972/Faculty-Roles-Responsibilities.html.

Harvard College Public Service, http://www.publicservice.fas.harvard.edu/icb/icb.do.

Harvard Institute of Politics, http://www.iop.harvard.edu.

Harvard Office of Career Service, http://www.ocs.fas.harvard.edu.

Harvard Public Service Network, http://www.psn.fas.harvard.edu/icb/icb.do.

Harvard University, http://www.harvard.edu.

Humboldt University, http://www.hu-berlin.de/?set_language=en&cl=en.

Jacoby, B. 1996. *Service-Learning in Higher Education. San Francisco*: Jossey-Bass Publishers.

Jongbloed, B., Enders, J., and Salerno, C. 2008. Higher Education and Its Communities: Interconnections, Interdependencies and a Research Agenda. *Higher Education*, 56: 303-324.

Khan, A. R. 1960. University Libraries: Functions and Organization. *UNESCO Regional Seminar on Library Development in South Asia*, Paris, June 22.

MIT Community Service Fund, http://csf.mit.edu.

MIT Public Service Center, http://web.mit.edu/mitpsc.

Nagy, J. and Robb, A. 2008. Can Universities be Good Corporate Citizens? *Critical Perspectives on Accounting*, 19(8): 1414-1430.

New World Encyclopedia, https://www.newworldencyclopedia.org/entry/University.

Phillips Brooks House Association (PBHA). 2012. Annual Report 2012. http://pbha.org/wp-content/uploads/2012/10/PBHA-FY-12-Annual-Report.pdf.

Pipeline Project, http://expd.washington.edu/pipeline.

Porter, M. E. and Kramer, M. R. 2006. Strategy and Society: The Link between Competitive Advantage and Corporate Social Responsibility. *Harvard Business Review*, 84(12): 78-92.

Quacquarelli Symonds (QS), http://www.topuniversities.com/university-rankings-articles/world-university-rankings/qs-world-university-rankings-methodology.

Reiser, J. 2008. Managing University Social Responsibility (USR), http://www.international-sustainable-campus-network.org/iscn-conference-2007/view-category.html.

Sawasdikosol, S. 2009. Driving Universities' Collaboration toward the New Era of Sustainable Social Responsibility, *University-Community Engagement Conference Penang*, Malaysia, http://

www.usralliance.org/ resources/Driving_Univer-sities.pdf.

Shanghai Jiaotong University, http://www.shanghairanking.com/ARWU-Methodology-2013.html.

Stanford Public Service & Community Service, https://undergrad.stanford.edu/ opportunities-research/public-community-service.

Stanford University, http://stanford.edu.

Times Higher Education, http://www.timeshighereducation.co.uk/world-university-rankings/2013-14/world-ranking/methodology.

UC Berkeley, http://www.berkeley.edu/index.html.

UC Berkeley Public Service Center, http://publicservice.berkeley.edu.

Vasilescu, R., Barna, C., Epure, M., and Baicu, C. 2010. Developing University Social Responsibility: A Model for the Challenges of the New Civil Society. *Procedia Social and Behavioral Sciences*, 2: 4177 – 4182.

Washington Monthly, http://www.washingtonmonthly.com/college_guide/rankings_2011/national_university_rank.php.

Washington University Carlson Leadership & Public Service Center, http://www.washington.edu/carlson/.

William J. Clinton Foundation, http://www.clintonfoundation.org.

찾아보기

한글

영어

W

저자소개

조동성 교수는 서울대학교 경영학과를 졸업하고 하버드대학에서 경영학박사를 취득한 후 1978년부터 서울대학교 경영대학에서 전략 및 국제경영 교수로 봉직하면서 국제지역원(현 국제대학원)원장과 경영대학 학장을 역임했다. 영어 14권, 중국어 5권을 포함한 70권의 저서와 112편의 학술논문을 출판했고, 전략경영학회 창립회장, 디자인브랜드경영학회 창립회장, 지속경영학회 창립회장, 경영학회 회장, 학술단체총연합회 회장, 대중소기업상생협력위원회 위원장, 대통령 직속 국가경쟁력위원회 위원을 지냈으며, 현재 핀란드 명예총영사, 국제백신연구소 한국후원회장, 안중근의사기념관 관장, 자연환경국민신탁 이사장 직을 맡고 있다.

문휘창 교수는 한국 외국어대학교 영어과를 졸업하고, 서울대학교 대학원 경영학과를 수료한 후 미국 워싱턴대학에서 경영학 박사학위를 취득했다. 워싱턴대학, 퍼시픽대학, 스토니부룩 뉴욕주립대학, 헬싱키경제경영대학, 게이오대학, 히도츠바시대학 등에서 강의를 했으며 도쿄대학에서 초빙교수로 연구를 했다. 현재 서울대학교 국제대학원 국제경영/전략 교수 겸 원장으로 재직 중이다. 국제학술지 〈Journal of International Business and Economy〉 편집위원장을 맡고 있으며 국제경쟁력, 경영전략, 해외직접투자, 문화와 경쟁력 등에 관한 저서 및 논문 다수가 있다. 다수의 국내외 기업, 정부기관(말레이시아, 두바이, 아제르바이잔, 중국 광동성) 등을 자문했다.

대학의 사회적 책임 – 나눔의 이론과 실천 –

2014년 2월 17일 | 초판 인쇄
2014년 2월 19일 | 초판 발행

지은이 | 조동성 · 문휘창
발행인 | 김은중
발행처 | 서울경제경영출판사
북디자인 | (주)우일미디어디지텍

주소 | 120-808 서울특별시 서대문구 신촌로 203 (대현동) 대현빌딩 6층
전화 | 02)313-2682
팩스 | 02)313-8860
등록 | 1998년 1월 22일 제 5-63호

ISBN 978-89-97937-21-9 93300 정가 20,000원